Klaus Scherer

Auf der Datumsgrenze durch die Südsee

Klaus Scherer

Auf der Datumsgrenze durch die Südsee

Ein Tagebuch

Mit 16 Seiten Farbbildteil
und einer Karte

Mehr über unsere Autoren und Bücher:
www.malik.de

Bibliografische Information der Deutschen Bibliothek
Die Deutsche Nationalbibliothek verzeichnet diese Publikation in der
Deutschen Nationalbibliografie; detaillierte bibliografische Daten
sind im Internet über http://dnb.d-nb.de abrufbar.

MALIK NATIONAL GEOGRAPHIC

Überarbeitete Taschenbuchausgabe
März 2010
© Piper Verlag GmbH, München 2010
© Egmont vgs verlagsgesellschaft mbH, Köln 2005
Umschlaggestaltung: Dorkenwald Grafik-Design, München
Umschlag- und Innenteilfotos: NDR Schick / Scherer,
außer Tafel 7u: Marnie Harrison / Wildfocus
Satz: Büro Sieveking, München
Papier: Naturoffset ECF
Druck und Bindung: CPI – Clausen & Bosse, Leck
Printed in Germany   ISBN 978-3-492-40374-0

Das Papier wurde aus chlorfrei gebleichtem Zellstoff hergestellt.

Für Hana

Inhalt

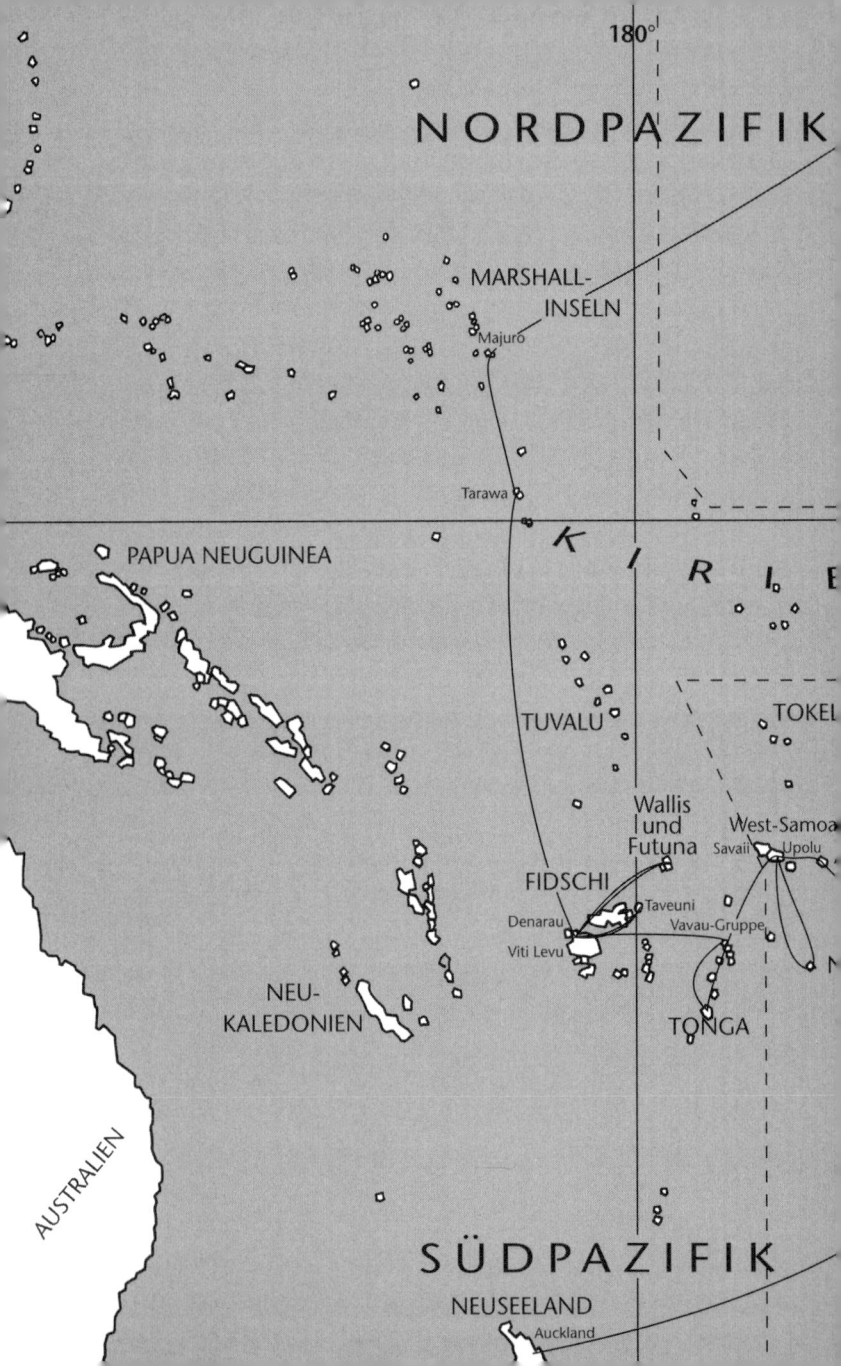

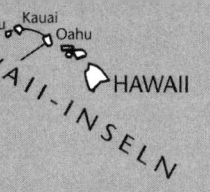

Kauai
Oahu
HAWAII
HAWAII-INSELN

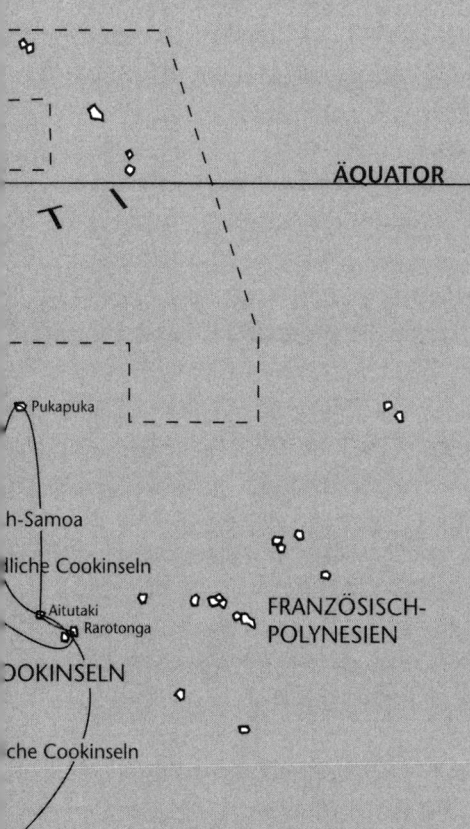

Pukapuka

ÄQUATOR

T I

h-Samoa

lliche Cookinseln

Aitutaki

Rarotonga

FRANZÖSISCH-
POLYNESIEN

OOKINSELN

che Cookinseln

Einleitung

Dass dieses Buch als Reiseführer taugt, ist unwahrscheinlich. Wer kreuzt schon sieben Wochen lang im Zickzack auf der Datumsgrenze? Wer reist schon von Neuseelands frostigen Gipfeln bis zur Äquatorhitze Kiribatis? Wer macht schon halt auf Inseln ohne Gästequartier? Und wann schon ist wirklich der Weg das Ziel?

Die Reportage *Auf der Datumsgrenze durch die Südsee* wurde zuerst eine zweiteilige Fernsehdokumentation. Ihre Dramaturgie unterschied sich von der tatsächlichen Abfolge der Reise. Die Handlungen wurden gerafft, Routen dem Spannungsbogen angepasst. Ein Tagebuch dagegen bleibt näher an der erlebten Wirklichkeit.

Die Reise führte uns grob entlang des 180. Längengrads, dem rückwärtigen Gegenstück zum Nullmeridian durch Greenwich nahe London. Eine Reise ans Ende und an den Beginn der Zeit, denn jener Längengrad markiert weitgehend die internationale Datumsgrenze. Von Hamburg aus addierten sich bis zur Rückkehr nahezu 60 000 Flugkilometer. Insgesamt waren wir 48 Tage unterwegs.

Wir, das sind mein Kameramann Andreas Färber, der Kamera-Assistent und Tonmann Wolfgang Schick und ich, zuzüglich dreizehn Kisten Filmequipment und Gepäck, darunter zwei Kameras, Unterwassergehäuse, Mikrofone, Lampen und Reflektoren, ein zerlegbarer Kamerakran. Gut vierzig Stunden Bildmaterial haben die Kameras aufgenommen. Drehstart war in Neuseeland, dann ging es von Atoll zu Atoll, von Inselstaat zu Inselstaat, von Niue bis Pukapuka, vom Königreich Tonga bis nach Samoa, von den Fidschis bis zum französischen Protektorat Wallis und Futuna, von Kiribati und den Marshallinseln bis nach Honolulu.

Natürlich suchten wir spektakuläre Bilder. Von Seeschlangenhöhlen, von Walen, die uns mit der Kamera an ihrer Seite schwimmen lassen, von mystischen Gipfeln und Felsenschluchten, von Inseln im Farbenspiel, von Wasser, Sand und Dschungel und, zugegeben, von Sonnenuntergängen hinter Palmwedeln.

Aber wir trafen auch Menschen, die uns all dies gezeigt haben: ihre Heimat, ihre Lieblingsplätze, ihren Alltag, ihre Träume. Die uns schilderten, wovon und wie sie leben entlang jener fernen Zeitenlinie, an der unsere Tage anfangen und enden.

In diesen Wochen musste sich die Reise nicht nur nach dem Wetter richten. Etwas Reporterglück dann und wann wechselte sich da ab mit Flugplänen, die nur einmal pro Woche eine Verbindung zwischen zwei Inseln knüpfen – wenn nicht gar die Airline Pleite ging, kurz bevor wir zusteigen konnten. Oder wir zwar letztlich mitflogen, nicht aber unser Equipment.

Das Tagebuch der Drehreise ist deshalb authentischer, als der Film es werden konnte. Zudem erlaubt es – dafür sind Tagebücher da – Gedanken, Vergleiche und Erinnerungen.

Ob auf Viti Levu, der Hauptinsel der Fidschis, die mir als Fernost-Korrespondent fast schon zum Vorgarten geworden waren, oder auf Samoa, wo die Bewohner ihren Rasen hegen, als nähmen sie als deutsche Ex-Kolonie noch an »Unser Dorf soll schöner werden« teil. Oder auf Taveuni, wo wir den ersten Sonnenaufgang des Jahres 2000 live vom 180. Längengrad nach Deutschland schickten.

Die Menschen, die wir jeweils getroffen haben, sind für den Nächsten, der eine solche Reise unternimmt, womöglich nicht mehr auffindbar. Die Sturmschäden auf Niue sind vermutlich längst behoben, Samoas neue Strandhütten am »Ende der Welt« dann nicht mehr neu. Wenn nicht wiederum sie hinweggespült wurden, von Flutwellen der Folgejahre. Manche Inseln werden noch mehr übersiedelt sein. Andere vielleicht schon völlig verlassen. Glücklose Regierungen mögen gestürzt, geliebte Könige verstorben sein.

Wer dennoch die eine oder andere Etappe in eigene Reisepläne aufnehmen möchte, findet am Anfang dieses Buches unsere Reiseroute und am Ende eine Liste mit Internetadressen – beides ohne Gewähr, denn selbst der Verlauf der Datumsgrenze kann sich bisweilen ändern.

Zuletzt verhalf ihr Kiribati zu einem unförmigen Bogen Richtung Osten, damit das Staatsgebiet des Inselreichs nicht länger in zwei Kalendertage unterteilt blieb – und damit es vor dem Jahrtausendbeginn von sich behaupten konnte, noch weiter »vorn« zu liegen als die Nachbarn.

Entgegen mancher kühnen Hoffnung hat das Ereignis keines dieser Länder wohlhabend gemacht. Im Gegenteil: Das Paradies, oder was wir gerne dafür halten möchten, es wurde – nach allen Plünderungen während der Kolonialzeit – zuletzt jahrzehntelang verschmutzt, atomar verstrahlt und mit seinen Sorgen zumeist alleingelassen. Dazu bedrohen es der steigende Meeresspiegel, immer häufiger schwere Stürme und am Ende auch der eigene Müll.

Dennoch haben wir Paradiese gesehen – in Buchten und auf Inseln, von Booten und vom Flugzeug aus, in Unterwasserhöhlen und in Felsenschluchten. Und auch, wenn man so will, in manchen Herzen: Die Menschen, die wir trafen, waren zuvorkommend und offen, unbefangen und gesprächsbereit. Wann immer es nötig war, fanden wir Bewohner, die uns weiterhalfen – egal ob sie in Armut lebten oder an gepflegten Stränden.

Der Reiz der Reise waren aber nie Hotels und Pools. Es war die Neugierde auf Inseln, die ihre eigene Zeit haben. Und die diesen Menschen hinter Tausenden von Seemeilen noch immer ein Zuhause geben, auch wenn sie nur ein paar Schritte breit sind. Und einfach auf Weltgegenden, die den Namen Pukapuka tragen.

Neuseeland

Jüngster Tag auf dem Maori-Berg

Tag eins

Der zweimotorige Kleinflieger des Typs Beech 1900D rollt hoppelnd Richtung Startbahn. Zehn Passagiere rechts aufgereiht, neun links.

Der offene Zugang zum Cockpit gibt die Sicht auf zwei halbe Piloten frei. Dienstblaue Pullunder, kurze weiße Hemdsärmel. Nichts auf der Welt ist so perfekt gebügelt wie Pilotenhemden.

Alles vibriert, der Fensterrahmen dröhnt an meinem angelehnten Kopf wie ein Zahnarztbohrer, die Füße zittern mit dem Bodenblech.

Draußen biegt sich gleich hinter dem Propeller der Auspuffstutzen aus dem Motorgehäuse. Oben auf dem Flügel weisen Aufschriften auf Batteriezugang und Tanköffnung hin. Innen werde ich belehrt, die Sitzkissen notfalls als Schwimmhilfe zu nutzen. Wie eine Doppelreihe Betender neigen wir alle leicht die Köpfe vor, eingezwängt in einen rund gewölbten Blechtunnel mit Fenstern.

Dann biegt der Flieger in die Startbahn ein, das Tempo zieht an, das Dröhnen wird dumpfer. Schließlich hebt der Tunnel vorne an, minutenlang hält er die Steigung, die Motoren schuften uns auf Flughöhe. Palmen verschwinden unter Wolken.

In fünf Korrespondentenjahren in Ostasien und im Südpazifik ist mir diese Art zu fliegen, so viel sinnlicher als jeder Jumbobauch, immer vertrauter geworden. Mal breitete sich unter jenen Propellern Dschungel aus, mal Reisterrassenhänge, als lägen da die Scheiben eines zerschnittenen Berges aufeinander, mal offene Vulkanschlote, mal endlos blaues Meer.

Diesmal erscheinen unter uns sattgrüne Weiden, dann Bergketten wie Wolfszähne, in der Ferne bald schneebedeckte Gipfel. Wir streifen Wolkenfetzen, darüber öffnet sich tiefblauer Himmel. Der Tunnel liegt nun wieder horizontal, im Dauerton der Motoren, die nun ruhiger laufen, erahnt man einen Rhythmus.

Wir sind auf dem Weg von Auckland nach Gisborne, einer Kleinstadt weiter südlich. Nach einer Stunde verdichten sich die Wolken zu einem dunklen Grau. Die Maschine schlingert in der Längs- wie in der Querachse, als rutsche sie auf Glatteis, und sackt auch schon mal ein paar Meter abwärts.

Nach kurzem Unbehagen in meiner Magengrube setzen wir auf. Seit einem Nachtdreh auf einem japanischen Tintenfischkutter, wo das Auf und Nieder von vier Metern Seegang ohne sichtbaren Horizont aus mir für Stunden eine verzweifelt kauernde Gestalt machten, bin ich offenbar empfindlicher geworden. Zum Geschaukel kommt nun auch immer die Erinnerung.

Schon unser erstes Etappenziel erscheint bald unerreichbar fern. »Road closed« lesen wir nach knapp zwei Stunden Autofahrt auf einem Holzschild vor uns, das die Straße sperrt. Daneben ruht monströs ein Bagger, die breite Schaufel aufgestützt. Ein paar Meter weiter ist von der Straße nichts mehr übrig.

Der Fluss, an dessen Ufer wir zuletzt entlanggefahren sind, hat sie hinweggespült mitsamt der Brücke, die hier stand. Von dem Sturm in der Region hatten wir gehört. Nun, da der Regen nachgelassen hat, breitet sich vor uns ein Geröllfeld aus, durch das sich neue Nebenläufe winden. Der Bagger wird einiges zu tun haben.

Die Landstraße hätte uns zum Mt. Hikurangi führen sollen, dem heiligen Berg der Maori, einem jener Polynesierstämme, die einst den Pazifik durchquerten, geleitet alleine von den Flugrouten der Vögel, der Meeresströmung und den Sternen.

In riesigen Auslegerkanus hatten ihre Vorfahren vor fast 4000 Jahren von Asien aus die Südsee erschlossen – lange vor dem britischen Entdecker James Cook, der sich später wunderte, dass dort noch auf der kleinsten Insel Menschen wohnten, obwohl Tausende von Seemeilen sie trennten. Ihre Schiffe hatten sie beladen wie Noah seine Arche: Pflanzen, Nutztiere und Proviant, Werkzeuge und Gefäße, dazu genügend Menschen, um irgendwo ein neues Dorf zu gründen.

»Von den Cookinseln nach Neuseeland eingewandertes polynesisches Volk«, schrieben Enzyklopädiker später unter dem Stichwort Maori auf. Ihre Haut sei hellbraun, ihr Haar schwarz und glatt. Vorwiegend seien sie Pflanzbauern, gelegentlich auch Fischer, zudem in der Lage, Schmuck und Steinbeilklingen herzustellen.

Dass sie auch geniale Seefahrer gewesen sein mussten, die den Europäern weit voraus waren, halten wir ihnen bis heute kaum zugute. Das könnte ja im Nachhinein den Ruhm der eigenen Entdecker schmälern.

Der Hikurangi ist die Kultstätte der »Ngati Porou«, Neuseelands zweitgrößtem Maori-Stamm, dem zuletzt 63 000 Menschen angehörten. Ihren geweihten Berg haben wir auch deshalb zum Etappenziel gewählt, weil man von seinem Gipfel aus das Sonnenlicht des Tages schon erblickt, wenn die Küste unten noch im Dunkeln liegt.

Jünger als dort oben kann der Tag kaum sein. Denn draußen vor der Küste verläuft schon jene Zeitnaht, an der sich unsere Kalendertage aneinanderknüpfen. Dabei ist der Blick aufs Meer hinaus ein Blick in die Vergangenheit, denn wenn über dem Hikurangi die Sonne aufgeht, hat jenseits der Datumsgrenze gerade der gestrige Tag begonnen.

Kerry heißt die Frau, die uns aus der Klemme hilft, eine Art Tourismusbeauftragte der »Ngati Porou«. Sie trägt Holzfällerhemd und

Breitcordjoppe über verwaschenen Jeans, das schwarze, endlos lange Haar hat sie zum Pferdeschwanz gebunden. Ein braunhäutiges Gesicht, gewinnendes Lachen. Alles ist machbar, signalisiert es, Maoris sind zäh. Morgen früh um halb sieben stehe ein Hubschrauber bereit, um uns samt Kameraausrüstung auf den Gipfel zu bringen.

Unsere Reisekasse muss das aushalten. Zehn nach sieben wird die Sonne aufgehen.

Im Holzhaus einer »Ngati Porou«-Familie, die Kerry für uns ausgesucht hat, beziehen wir Quartier. Am Morgen, sagt sie, werde noch ihr alter Onkel hier ankommen, um uns als Experte für Maori-Geschichte zu begleiten.

Ein Ofenfeuer wärmt uns auf. Die Freude auf die Südsee hat uns beim Packen nahezu vergessen lassen, dass in Neuseeland echter Winter ist. Auf dem gut 1700 Meter hohen Gipfel wird es unter null Grad Celsius kalt sein.

Bei einer Dose Bier erzählt mir Kerry vor dem Schlafengehen, dass es auch unter den Maori Menschenfresser gab. Nach siegreichem Kampf, sagt sie wenig charmant, hätte sie damals mein Gehirn verspeist, um so die Kraft des Unterlegenen auf sich selbst zu übertragen. Der Kopf wäre dann irgendwo sichtbar aufgepfählt worden, damit die Gegner sehen könnten, wer alles schon an der Maori-Stärke scheiterte. Ich stelle mich auf schlechte Träume ein.

Der Weg hierher war doch so friedlich, denke ich, als die Bilder von der Anfahrt noch einmal an mir vorüberziehen. Die Weiden voller Schafe, die immer exakt dann über die nächste Kuppe verschwanden, wenn unsere Kamera sie anvisiert hatte.

Landschaften, wie wir sie einst auf der Modelleisenbahn arrangierten. Hier ein paar Bäume, da eine Farm, Lattenzäune, Wäldchen. Es ist diese Idylle, die hier zugleich auch Weite ist, die uns beeindruckt. Der Bach, der durch den weichen Grund fließt, wie er will. Der hohle, umgestürzte Baumstamm, dessen Wurzeln aus der Erde ragen. Wäscheleinen, ein frei laufender Hund, ein friedvoll grasendes Pferd.

Nur die Autowracks, die man hier häufig sieht, müsste man auf der Ansichtskarte aussparen.

Tag zwei

Fünf Uhr dreißig. Ich habe tatsächlich schlecht geschlafen, bin einmal schweißnass aufgewacht. Aber nicht weil Kannibalen hinter mir her waren, sondern weil draußen junge Hunde winselten und zudem die Heizdecke so warm geworden war, dass ich mir vorkam wie in einem Toaster.

Der Helikopter erwartet uns am Rande einer Weide. Dem Kamerateam, dem Onkel, der inzwischen eingetroffen ist, und mir wird er gerade genug Platz bieten. Kerry hatte mir mit auf den Weg gegeben, dass Maori Menschen, die sie schätzen, bei der Begrüßung nicht nur Nase an Nase berühren, sondern auch Stirn an Stirn.

Ihr Onkel, ein beeindruckender alter Mann namens Tipuna, mustert mich einen Augenblick lang, nimmt meine ausgestreckte Hand, dann nähern sich unsere Nasen. Tatsächlich neigt er dann seinen Kopf nach vorn. Ich halte dagegen. Ein Moment lang stehen wir wie Geißböcke im Kampf.

Über mit Geröll gefüllten Flusstälern fliegen wir im blauen Morgenlicht dem Berg entgegen. Hinter uns kündigen sich die ersten Sonnenstrahlen an.

Unterhalb des Felsengipfels setzt der Helikopter auf. Draußen bedeckt dünnes Eis die Pfützen, die der Regen hinterließ. Dass wir zu dünn gekleidet sein würden, ahnten wir. Aber für Anoraks war in unserem Sieben-Wochen-Südsee-Kontingent kein Raum. Zum Glück hat mir Kerry ihre Cordjoppe geliehen.

Noch härter im Wind stehen Kamera- und Tonmann, die an der Bergkante über einem Kreis aus hochragenden Totempfählen geduldig darauf warten, dass die Morgensonne gleich den Horizont durchbricht.

Beharrlich schiebt sie sich dann durch den ersten dünnen Wolkenstreifen. Der jüngste Tag beginnt. Zunächst erstrahlt der Gipfel über uns wie Alpenglühn, dann senkt sich der Lichtsaum den Hang hinab zu Tal.

Danach erntet das Team Bewunderung. Hantierend wie mit einem Zeltgestänge bauen die beiden in der Eiseskälte den mobilen Drehkran auf, den sowohl der Pilot als auch der Onkel zunächst nicht recht zu deuten wissen.

So werden Andreas und Wolfgang die ganze Reise über mit Leidenschaft aus jeder Einstellung das Beste machen. Als Gegengewicht zur Kamera packen sie am anderen Kranende Steinbrocken in eine Stofftüte. Die Gastgeber hatten schon geargwöhnt, wir würden Gesteinsproben einsammeln.

Damit einen dieser Ort ergreift, muss man kein Maori sein. Die Aufnahmen der langsam hochsteigenden Kamera, zwischen Morgensonne, Pfahlgesichtern, Berggipfel und Meer, werden später wirken wie im Kino.

Jeder Stamm hat hierzulande einen Berg und einen Fluss als Heiligtümer«, sagt uns der Alte. »Die Erde als unsere Mutter und der Himmel als unser Vater waren einst eng vereint, bis ihre Stammeskinder, die zwischen beiden eingeschlossen waren, das Paar gewaltsam trennten.« So sei der Stamm geboren worden.

Einer der Totempfähle zeige den Halbgott Maui, der die Heimatinseln der Maori an einer Angel aus dem Meer emporgefischt habe. Außerdem habe er die Sonne gebändigt, die bis dahin noch viel schneller durch den Tag gewandert sei als heute. Maui sei deshalb von seiner Mutter gebeten worden, den Lauf der Sonne zu verlangsamen. Die Leute kämen an derart kurzen Tagen nicht zum Arbeiten, habe sie geklagt.

»Dann ließ er sich von den Frauen Stricke machen, um eine Falle zu bauen«, sagt er. »Als die Sonne sich darin verfing, schlug er mit einem Knochen so lange auf sie ein, bis sie ihm versprach, sich künftig mehr Zeit zu nehmen.« So sei es gekommen, dass der Stamm wie gewünscht bis Sonnenuntergang seine Arbeiten erledigen konnte.

Ihre Ahnen lebten auf den Inseln von Samoa bis Hawaii, sagt Kerry, als wir alle zusammen auf der Quartierveranda das Frühstück nachholen. Hier in Neuseeland, unter britischen Kolonialherren, so erinnert sich der Alte, wurde er als Schuljunge noch mit dem Stock geschlagen, sobald ihm ein Wort in Maori-Sprache aus dem Mund gefallen war.

Heute hätten sie erreicht, dass die Sprache der »Ngati Porou« als Kulturerbe bewahrt werde, sagt Kerry. In der Region betreiben sie seit Kurzem einen Radiosender. Sie sage es ja, Maori seien Kämpfer.

Die Morgenzeitung zeigt weitere Flutfolgen im Tal und an der Küste. Auf dem Titelfoto hängen zwei Holzvillen, unter denen der halbe Boden weggesunken ist, über den Klippen. Zwei Außenwände verschwanden mit dem Erdrutsch in die Tiefe.

Rückflug nach Auckland. Ruhiges Wetter, magenschonend. Eine unserer Kisten wird erst eine Stunde später mit dem nächsten Flieger kommen. Das wird uns noch öfter passieren.

Solange uns das Warten keine Anschlussflüge kostet, bleiben wir vorerst gelassen.

Zwei besonders füllige Fluggäste beordert der Copilot vor dem Start weiter nach vorne. »Wir wollen ja nicht auf dem Flugzeugschwanz losrutschen«, meint er. Da lachen auch die Dicken.

Tag drei

Wir besuchen einen früheren Reisemanager namens Don Mundell, zuletzt »Milleniumsberater« des Königreichs Tonga. Alle, die wir vor der Reise nach Geschichten über die Datumsgrenze fragten, verwiesen uns letztlich auf ihn.

Die Hälfte des Jahres verbringt der Pensionär, der nach einem Schlaganfall nur mühsam gehen kann, mit seiner Frau in einem Häuschen auf den Fidschis. Die zweite Jahreshälfte sind sie hier in Auckland. Wir treffen Don zu einer Tasse Kaffee auf seinem Balkon über der Stadt.

Schuld an der Datumsgrenze habe die Eisenbahn, verblüfft er uns. »Damals fuhren in Amerika die ersten Züge quer durch den Kontinent. Das hieß, es mussten unterschiedliche Ortszeiten, die in den Tagen der Postkutschen und Pferde unabhängig voneinander existierten, erstmals auf einen einheitlichen Fahrplan.« So seien Zeitzonen entstanden, die irgendwann bis um den Globus reichten. »Beschlossen im Jahr 1874, das Chaos ist aber geblieben«, lacht Don mit Reibeisenstimme auf, »auch mit der Datumsgrenze.«

Er habe einmal von Auckland nach Los Angeles fliegen müssen und am nächsten Tag wieder zurück. Dann gleich darauf nach Rarotonga auf die Cookinseln. »Dreimal zwischen gestern, heute und morgen hin und her. Ich wusste nicht mehr, welcher Tag nun ist, geschweige denn die Stunde.«

Ob er denn seinen Namen noch gekannt habe, fragen wir im Scherz. »Auch das fiel mir schwer«, lacht er, »aber das lag wohl eher am Scotch.«

»Wie war das, als die Pazifikinseln erfuhren, dass es zwischen ihnen nun eine Datumsgrenze geben sollte?«, frage ich. »Die Tongaer befürchteten, dass sie einen Tag verlieren würden, und fragten, wo der denn dann bleibe«, sagt Don. »Aber der König überzeugte sie, dass ein so gottesfürchtiges Volk doch stolz sein müsse, dem Herrn künftig einen Tag früher zu huldigen als andere. Das hat ihnen imponiert.«

Die zweite Verabredung haben wir mit unserem nächsten Piloten. In einem Flugsimulator der »Air New Zealand« zeigt er uns, wie die Bordinstrumente reagieren, wenn er die Datumsgrenze kreuzt.

Die Positionsangabe nennt zunächst noch ansteigende Zahlen hinter einem »E«, das für »East« steht. Beim Erreichen von 180,00 Grad östlicher Länge springt das »E« um auf ein »W«. Die Gradzahl läuft von nun an rückwärts, von jetzt 180 Grad westlicher Länge aus gerechnet fallend.

Ob er schon mal die Übersicht verloren habe, fragen wir. »Ich habe einmal über Nacht den Weihnachtsfeiertag verpasst«, erzählt er. »Und einmal kam ich einen Tag später als ich meiner Frau gesagt hatte. Ich hatte mich vertan. Sie hat mir das zum Glück geglaubt.«

Ein Mitarbeiter, gebürtiger Ire, steuert noch eine Anekdote bei. Eine Gruppe seiner Landsleute habe einst am St. Patrick's Day die Datumsgrenze überflogen, einem Tag, an dem man, wie er in einer Geste andeutet, in Irland gerne heftig trinkt. Das Gelage verlängerte sich so um zusätzliche vierundzwanzig Stunden. Selbst für Iren, sagt er, sei das sichtlich zu viel gewesen.

Tag vier

Bevor unsere Maschine abfliegt, lernen wir im Museum der legendären »Coral Route«, der ersten Fluglinie, die in den Vierziger- und Fünfzigerjahren die südlichen Pazifikinseln verband, noch eine weitere Grenze kennen – jene zwischen Flugzeug und Passagierschiff.

Das Flugboot steht, in Metallstützen gezwängt, in einem Hangar. Außentreppen führen zu den Eingängen hinauf.

Edgar Tredrea, ein ehemaliger Pilot, der die Strecke einst geflogen ist und Eddie als Anrede bevorzugt, spricht von 200 Stundenmeilen Fluggeschwindigkeit. Zur Landung sei das Boot dann nur noch halb so schnell gewesen. »Meist wasserten wir in der Lagune«, sagt er, »die Passagiere wurden dann in kleinen Booten abgeholt. Auf Landepisten hätten wir nicht runtergehen können. Wir hatten ja gar keine Räder.«

Das Ungetüm hat einen Rumpf wie ein Wal, aus dessen Seiten schräg die Streben zu den aufliegenden Flügeln wachsen. Um den Bootskörper beim Wassern zu stabilisieren, stützen sich ihre Enden zudem auf zwei dicke Ausleger.

»Wenn Seegang war, mussten wir auf dem Rücken der Wellen landen, sonst raste man direkt in die nächste hinein«, sagt Eddie. »Das zweite Problem war, das Flugboot gegen den Wind zu drehen, denn sobald es quer stand, trieb der Wind es weit hinaus.«

Die »Coral Route« führte von Auckland über die Fidschis, Samoa und die Cookinseln bis nach Tahiti. Im Cockpit saßen zwei Piloten, der Bordingenieur, ein Navigator und ein Funker.

Die Bordküche regierten ein Steward und eine Hostess. »Das erste Flugzeug mit Kochvorrichtung«, erzählt Eddie immer noch mit Stolz. In den Sitznischen der Kabine räkelten sich nur wohlhabende Passagiere, denn Fliegen kostete zu der Zeit ein Vermögen.

»In den Luxusdecks durften sie rauchen«, sagt Eddie, »aber nur Zigaretten. Wir hatten einen rabiaten Käpt'n unter uns. Sobald der einen Gast erwischte, der Zigarren paffte, kam er mit dem Feuerlöscher. ›Entweder du machst das Ding aus‹, drohte er ihm dann, ›oder ich.‹«

Cookinseln

Klein-Amerika auf Pukapuka

Es war Mittwochnachmittag, als wir von Auckland aus nach Osten abgeflogen. Nun sind wir, jenseits der Datumsgrenze, in der Westzeitzone angekommen. Da hier noch immer Dienstag ist, stellen wir das Datum um einen Tag zurück. 22 Uhr Ortszeit, Ankunft in Rarotonga, Zentrum der Cookinseln.

Wie soll man da bloß den Überblick behalten? Die Westzeit gilt im Osten unserer Reisekarte, östlich der nun überquerten Datumsgrenze. Sie heißt Westzeit, weil hier der Westen endet und damit der Tag. Westlich der Linie fängt auf dem Globus wiederum der äußerste Osten an, das erste Sonnenlicht, das Datum, der Kalendertag. Aber wer will schon lieber nach Greenwich reisen, nur weil die Dinge dort klarer liegen?

In der Ankunftshalle klampft ein Okulele-Spieler, als hätten seine Kinder ihn mit ihrer Spielzeuggitarre losgeschickt. Südsee-Klänge dringen dünn aus seiner Ecke. Nach der Passkontrolle werden wir dann wie alle Ankömmlinge mit einem Blütenkranz behängt, so weihevoll, als hätten wir gerade das Kanurennen gewonnen.

Am Strand vor unserem Hotel fällt mir wieder auf, was ich seit dem letzten Pazifikdreh alles vergessen hatte: der prächtige Sternenhimmel, flackernd wie ein Meer aus Kerzen, der Milchstraßen-Nebel, das Kreuz des Südens.

Und an den Wänden die wegzuckenden Geckos mit ihren Glubschfüßen, die auch noch an der Decke halten.

Tag fünf

Nachts um halb zwei reißt mich das Zimmertelefon aus dem Schlaf. Am anderen Ende ist Emile Kairua, unser Reiseagent für diesen Abschnitt unserer Route. Ich hatte eine Nachricht von ihm im Hotel erwartet, aber keine gefunden. Am Telefon war er dann nicht mehr erreichbar.

»Euer Flug ist um vier«, sagt er unendlich wach. »Um drei hole ich euch vom Hotel ab.« Im Halbschlaf gebe ich die Nachricht an die anderen weiter.

Punkt drei Uhr nachts fährt Emile vor. Ein Hüne von bestimmt 130 Kilogramm, Spitzkoteletten, Pferdeschwanz, wohl der coolste Manager der Firma »Island Hopper«. »Nehmt das, aber vorsichtig«, reicht er uns mahnend eine Tragetüte mit vier Schachteln Eier.

Auf Pukapuka erwarte uns eine Familie, die zwei Zimmer für uns räume, gibt er uns mit auf den Weg. Die Frau des Hauses werde uns Mahlzeiten zubereiten. Ein Hotel gebe es auf Pukapuka nicht. Emile war nicht mal sicher, ob es genügend Eier gibt.

Ihr Mann stehe uns als Fremdenführer zur Verfügung, denn ihm gehöre eines von drei fahrtüchtigen Autos auf der Insel. »Besser geht's nicht«, sagt Emile.

Die Polizei, schockt er uns dann noch vor dem Abflug, habe den Flug nach Pukapuka zunächst untersagen wollen. Bewohner der Insel hätten angedroht, Löcher in die Piste zu graben, um die Landung der Maschine zu verhindern.

So viel Gastfreundschaft verspricht Aufregung, denke ich müde. Dann steigen wir ein und blicken in die Nacht.

An Bord des Zehnsitzers erfahren wir erste Hintergründe. Die Plätze sind nur zur Hälfte besetzt, der Rest blieb frei wegen der Extramenge

Treibstoff, die für die Strecke nötig ist, und angesichts unserer Gepäcklast.

Weil nach Pukapuka kein Linienflug mehr unterhalten wird, hatten wir bei »Air Rarotonga« die Maschine gechartert und den Rest der Sitze über den Betreiber zum Verkauf angeboten.

Auf Sitzplatz eins, gleich neben der Tür, hat der langjährige Premierminister der Cookinseln Platz genommen: Sir Geoffrey Henry, ein adretter, immer lächelnder Politiker mit Elvis-Tolle, der sich Wind zufächert.

Seine »Cook-Island Party« drückt in Rarotonga seit der letzten Wahl die Oppositionsbank. Damit das wieder anders wird, hat Sir Geoffrey jede Stimme im Blick, die es nun wiederzugewinnen gilt. Und sei es auf Pukapuka.

Ausgerechnet an ihn und zwei seiner Gefolgsleute haben die Betreiber drei der vier Resttickets verkauft. Das vierte ging an einen jungen Amerikaner.

Auf Pukapuka sprach sich danach herum, der Oppositionschef plane eine Kampagne. Da die Insulaner aber, wenn es um Politik geht, lieber unter sich sind, schrieben ihre Dorfsprecher einen Brief nach Rarotonga und hängten Kopien davon auf ihrer Insel aus. Parteiführer, egal welcher Couleur, heißt es da, seien in Pukapuka nicht willkommen. Erfahrungsgemäß störten sie nur den Frieden.

In einem zweiten Brandbrief warnten sie zugleich »Air Rarotonga«, man werde Wege finden, die Landung des unerwünschten Gastes zu verhindern. Die Fluglinie wandte sich dann an die Polizei.

Die Abwägung zwischen der Aussicht auf ein Fernsehteam, auf dessen Route Pukapuka endlich einmal vorkam, und der gebotenen Revolte entschied sich irgendwann zugunsten eincr heilen Landung.

So hat das deutsche Fernsehen ungewollt in Pukapukas Wahlkampf eingegriffen. Medienkritiker mögen uns bitte glauben, dass dies ohne Vorsatz geschah.

Vier Uhr früh, die Propeller dröhnen in der Dunkelheit, als müsste alles Flugzeugblech gleich auseinander fahren. Nach dem Start sacken wir wieder bedrohlich ab, in den Ohren entsteht immer wieder Druck, dann wird das Vibrieren ruhiger. Flughöhe erreicht. Schlucken. Eindösen.

Noch vor Sonnenaufgang landet der Pilot zum Auftanken auf Aitutaki, einem der schönsten Südsee-Atolle. Die Sicht darauf soll uns in der Dunkelheit noch verborgen bleiben. Auf dem Rückflug machen wir tagsüber hier aber noch einmal Station.

Kerosintonnen werden herbeigerollt, dann ein hebelbetriebener Zapfstutzen hineingedreht. Männerarme pumpen den Tonneninhalt in den Flügel.

Beim Wiedereinstieg gibt es vom Copiloten für jeden ein Sandwich und fast ungenießbar süßen Tropensaft. »In Kürze zeigen wir Ihnen dann einen Film«, imitiert der Mann seine Kollegen von den großen Airlines. Die Passagiere schmunzeln. Hier wäre nicht mal Platz für eine Minileinwand.

Stunden später rötet sich ein Teil der Nacht. Als würde eine Linie geboren, entsteht aus einem Punkt heraus der Horizont. Rechts ist noch die Finsternis, links ist schon der Tag.

Im Cockpit interviewen wir den Piloten. »So sehen wir hier oben oft die Tage beginnen«, sagt er. Er bemerke das schon gar nicht mehr.

Ob er auf diesen Strecken schon mal habe umdrehen müssen, frage ich. Er nickt. Während der Hurrikan-Saison von November bis April seien die Winde kaum berechenbar. Sobald es nötig sei, fliege er dann Inseln auf der Strecke an.

Was er von der Drohung wisse, auf Pukapuka unsere Landung zu vereiteln? »Nun, wir haben denen klargemacht, dass wir ein Service-Unternehmen sind, unabhängig von der Politik. Sie haben dann eingelenkt.« Aber auf die Landepiste schaue er heute lieber zweimal.

Die Piloten solcher Außenrouten haben uns schon viele derartige Geschichten erzählt. Manche berichteten von Schweinen oder Pferden, die ihnen die Landebahn blockiert haben. Den Piloten bleibt dann nur, im Kreis zu fliegen, bis sie die Tiere weggetrieben haben.

Andere halten den Flughafen des Kleinstaates Tuvalu weiter im Westen für den originellsten. Dessen Piste ist nebenbei nicht nur die meistbefahrene Straße des Atolls, sondern an einem Ende auch das Fußballfeld. Wann immer eine Landung angekündigt ist, hisst dort ein Bediensteter die Warnfahne, dann räumen alle die Bahn, und das Fußballspiel geht in die Pause.

Auf der Karte ist Pukapuka wie ein Punkt eingezeichnet. In Wirklichkeit aber ist es ein Atoll. Etwa dreihundert solcher Inselringe gibt es im Pazifik, die meisten ragen nur zwei, drei Meter hoch aus dem Meer. In der Geschichte der Vulkaninseln sind sie das Endstadium, denn der Vulkan, der einmal ihre Mitte war, ist schon versunken.

Als wir es vor den Fenstern erblicken, erkennen wir die Umrisse eines Dreiecks, von dem allein die Ecken als Inseln um die Lagune aus dem Wasser schauen. Auf einer sehen wir die Landebahn, die zweite ist unbewohnt, auf der dritten stehen die Häuser einer Siedlung.

Neben der Piste warten Leute im Schatten einer palmwedelgedeckten Hütte. Unser Gastgeber heißt Vai und ist Anfang sechzig. Dichte Augenbrauen, buschige Koteletten, imposanter Händedruck. Helfer schieben das Gepäck auf einen Anhänger, den dann ein Traktor zur Lagune schleppt. Dort laden sie alles in ein Blechboot um.

»Früher hatten wir Kanus, aber die haben wir aufgegeben«, sagt Vai, aber wir wissen zunächst nicht, ob er das als Klage meint oder als Hinweis auf den Fortschritt.

»Jetzt hängen wir vom Diesel ab«, sagt er weiter. Deshalb werde dieser Tage nicht gefischt.

Nur alle paar Wochen komme das Versorgungsschiff, zudem seien die Treibstoffpreise vor Jahren in unerschwingliche Höhen gestiegen. Auch deshalb sei die Flugverbindung aufgegeben worden.

Nach einer halben Stunde Fahrt holt Vai am anderen Lagunenufer seinen alten Nissan-Pick-up. Durch die klaffenden Rostlöcher im Boden sieht man die Straße besser als durch die zugeölte Frontscheibe. Das Gefährt, ein Spätimport aus Japan, hat hier, wo es nur löchrige Feldwege gibt, den dritten Gang noch nicht erlebt.

Alle paar Monate sprüht Vai es rundherum mit Altöl ein. »Das verhindert, dass es rostet«, sagt er. »Sieht man«, konstatieren wir, doch die Pointe kommt nicht an.

Wovon der Mann lebt, wird uns bis zur Abreise nicht klar. Als die Zeiten noch besser waren, habe er hier die Flüge organisiert. Am Ende aber konnte sich keiner mehr die Tickets leisten, sagt er. Was deutlich wird, ist, dass auch Vai Politiker nicht mag. »Die versprechen hier nur Dinge, die sie doch nicht halten«, sagt er.

Später sehen wir die Kopien des Briefes, der nach Rarotonga ging. Die erste hängt an einem Baum am Ortseingang, eine weitere an einem Mitteilungsbrett in der Dorfmitte.

An einer Hauswand fällt uns eine aufgemalte amerikanische Flagge auf, deren Farben schon verblasst sind. Vai erklärt uns, dass die Siedlung in drei Einzeldörfer unterteilt ist. Beim Sport oder beim Fischen wetteiferten diese Dörfer öfter miteinander.

»Dann geben wir uns Ländernamen, damit wir stärker erscheinen«, sagt er. So habe es sich auf Pukapuka eingebürgert, dass das

Dorf »Roto« nun »America« genannt werde. Das Nachbardorf »Yato« trage den Zweitnamen »Japan«, und die Bewohner »Naakes« wählten »Germany«.

Leider, schränkt er dann aber ein, sei vor Jahren in jenem Dorf ein Prediger aus den Niederlanden zu Besuch gewesen, der bewirkt habe, dass sich »Naake« seitdem »Holland« nenne.

»Nächstes Mal bringen wir auch einen Pfarrer mit«, sagen wir. Vielleicht lasse sich das ja korrigieren. »Das ist eine gute Idee«, lacht Vai und schwärmt weiter von der Fantasie der Dörfler. Aus den drei Ländern haben sie sich sogar die Flaggen schicken lassen. Zu Wettkämpfen auf der Insel erscheinen sie seitdem wie zum Drei-Länder-Turnier.

Als wir die Schreiben und die Flagge filmen, bleibt ein Anwohner stehen, der sich als eine Art Obmann vorstellt. »Wir haben hier unsere eigene Kultur«, spricht er den Politstreit an, »und zu viele Einflüsse von außen bedrohen sie.« Als Beispiel nennt er die eigene Sprache, die es noch auf Pukapuka gebe. Die Kinder wüchsen hier dreisprachig auf: mit Pukapukanisch, mit Rarotonganisch und mit Englisch.

Die Dorfleute scheinen tatsächlich den Lauf der Zeit etwas zu bremsen: Über der Wandtafel schauen noch König George VI und seine Frau Elizabeth aus dem Rahmen, obwohl sie längst nicht mehr auf dem Thron sitzen.

Nachdem wir das Quartier bezogen haben, zeichnet uns Vai in einer Skizze auf, wo jedes Dorf Reserveland besitzt.

Die Zonen, die schon die Vorfahren der Dörfler eingerichtet haben und fortan unter Schutz stellten, sind nur für ein paar Monate des Jahres zugänglich. Nur dann dürfe man dort zusätzliche Kokosnüsse ernten und sich in kleinen Strandhütten aufhalten, die sich manche Familien ans Ufer gebaut haben, sagt Vai.

»Americas« Reservezone liegt mit auf der Hauptinsel. »Japan« und »Holland« besitzen als Hinterland je eine der verbleibenden zwei Außeninseln.

In der Abenddämmerung treffen wir zwei alte Frauen, die in Holzstühlen sitzen. Sie säumen Blüten und duftende Basilikumblätter zu Stirnkränzen auf. Als sie die Kamera sehen, beginnen sie zu kichern.

»Endlich werden wir noch Stars, siehst du«, giggelt die eine. Elf Kinder, sagt sie mir, habe sie in ihrem Leben großgezogen. Zwei seien noch auf Pukapuka, neun in Neuseeland, Amerika oder auf anderen Cookinseln. Denen gehe es dort gut.

Während sie die Blüten und Kräuterblätter auf den Faden ziehen, schwatzen sie oder pfeifen vor sich hin. »Und wie geht es Ihnen?«, frage ich. »Manchmal sind wir erkältet«, sagen sie. »Sonst können wir nicht klagen.«

Auf dem Rückweg machen wir bei Sir Geoffreys Kundgebung halt. Vor einer Handvoll Zuhörer, die wie ein Geheimbund in einem Garten sitzen, klagt er, dass die Wohltaten der Machthaber noch stets an Außeninseln wie Pukapuka vorbeigeflossen seien. Raunend pflichtet ihm die Runde bei.

Ein Scheck über 3000 Neuseeland-Dollar Wahlkampfhilfe, umgerechnet etwa 1700 Euro, wird mit Freude angenommen. Wieder geht ein Kopfnicken durch den Zuhörerkreis, dann klatschen die Ersten Beifall.

Die zweite Abendveranstaltung – die weit besser besucht ist – nennt sich »Haussy«, ein dem Bingo ähnliches Lotterie-Spiel, mit dessen Erlös die Insulaner einen neuen Inselsportplatz bauen wollen. Auf die Gewinner warten Kokosnüsse, Keksriegel und Spaghetti in der Dose – der Renner an Pukapukas Frühstückstischen, wie wir bald erfahren müssen.

Unter den Mitspielern, die konzentriert auf ihre Zettel schauen, während sie dem Zahlenstakkato der Ansagerin lauschen, ist auch ein Amerikaner namens Charles, den wir im Flugzeug kennengelernt haben. Er war der Passagier, an den das vierte freie Charter-Ticket ging.

In Turnschuhen und Shorts, das Kurzhaar ordentlich gescheitelt, unterscheidet er sich äußerlich nicht eben von anderen US-Bürgern. Charles Veley aber, dessen Lebensweg sich hier mit unserem gekreuzt hat, ist ein einsamer Rekordhalter.

Als Reisender war er bis dahin schon in 353 Ländern und Territorien, nicht aber in Pukapuka. Im Internet hat er von San Francisco aus von jenem kurzfristigen Flug erfahren und den Platz gebucht, um eine der letzten Lücken in seiner Einreisestempel-Sammlung zu schließen.

Schon mit siebenunddreißig Jahren, so hat er uns im Flugzeug dargelegt, habe er mit 317 nachweislichen Einreisen erstmals den Weltrekord gebrochen. Seit ein paar Jahren führt er das internationale Ranking nun alleine an. Nur so abgeschottete Länder wie Nordkorea fehlen ihm noch.

Dabei ist er kein Angeber, sondern bodenständig, hilfsbereit und leise. Was ihn aber nicht davor bewahrt, dass ich ihm gleich das Nordkorea-Visum vor Augen halte, das mir Pjöngjang für eine Korrespondentenreise ausstellte.

Charles wird in den nächsten Tagen zu unserem Begleiter werden. Einquartiert in einem Nachbarhaus teilt er mit uns den Frühstückstisch einschließlich kalter Spaghetti mit Tomatensoße.

Es war in Tuvalu, wo mir dieses Gericht schon einmal nachhaltig begegnete. Wir drehten damals einen Bericht über den Kleinstaat, der seine Kasse mit Hilfe des Internets auffüllt.

Der Zufall will es nämlich, dass Tuvalu als Länderkennung von der Internetgemeinde das Kürzel »tv« zugeordnet wurde, für das sich auch internationale Fernsehbetreiber interessieren. Über einen Rechtehändler verleiht Tuvalus Regierung nun diese Buchstaben und kassiert dafür Gebühren. Wo immer »viva.tv«, »surf.tv« oder andere Online-Programme flimmern, verdient Tuvalu mit.

In dem Gasthaus namens »Hideaway«, einem von zweien auf der Insel, in dem wir abgestiegen waren, schepperten derweil die Schlager Gunter Gabriels aus einem klapprigen Kassettenrekorder. Hauswirt war ein Auswanderer aus Bremen.

»Magst du keine ›Spageddi‹?«, fragte er mich jeden Morgen angesichts meines unberührten Tellers. Im Gebüsch grunzten dazu die Schweine. Der schmale Strand war übersät mit Müll.

Zu Hause hat uns das freilich keiner abgenommen. Ein Kollege, der sich aus der Südsee meldet, wird am heimatlichen Schreibtisch grundsätzlich so wahrgenommen, als liege er am Pool, in einer Hand den Hörer, in der anderen den Cocktail.

Tag sechs

Das Frühstück aus Pukapukas Küche ist reichhaltig, aber für uns ungewohnt. Über die Konserven hinaus tischt Vais Gattin Tarowurzeln auf, rosa Kuchen, Marmelade, Fisch und Erdnusspaste. Dazu jede Menge Donuts, Corned Beef und kalte Spiegeleier sowie Bananen jeder Größe.

Allerdings wird es hier an einem Abend auch den besten Fisch der ganzen Reise geben.

Wir besuchen die Arbeiter, die dem neuen Sportplatz den Boden bereiten. Ein verbeulter Bagger drückt hochgewachsene Bäume um. Macheten hacken Palmwedel ab, aus denen Frauen später Besen binden.

Ein grauhaariger Mann, in dessen Nähe ich gerade stehe, legt das weiche Herzstück einer Palmenkrone frei. Davon reicht er mir einen

Teil zum Essen. Beim Kauen knackt es wie eine Salatgurke, der Geschmack ist eher süß. »Lecker«, bedanke ich mich.

Dann beißt er selbst in ein armlanges Stück und schließt die Augen. »Wunderbar«, schwärmt er wie in einem Werbespot für Markenkaffee.

Die Frauen aus dem Dorf haben ihren Männern unterdessen in zwei großen Alutöpfen das Übliche mitgebracht: Taroscheiben und Kokosnussmasse, verrührt zu einem grauen Brei.

Wir fragen eines der Mädchen, die daneben die Palmwedel verarbeiten, in welchem Dorf es wohne. Erst lächelt es verlegen.

Dann sagt es stolz: »America.«

Mittags nehmen wir mit Charles einen Termin wahr. Treffpunkt ist eine Wellblechbude mit Maschendrahtfenster, Pukapukas »Immigration Office«. Den zuständigen Beamten haben wir zu Hause abgeholt, denn es gibt keinen Grund, weshalb er seinen Tag tatsächlich dort verbringen müsste.

Da Pukapuka aber von Yachten angelaufen werden kann, besitzt der Mann die Stempelgewalt für mögliche Einreisende. Obwohl wir schon in Rarotonga das Inselreich der »Cooks« betraten, tut er uns den Gefallen, unseren Pässen auch noch »Pukapuka« aufzudrücken.

Lange kramt er zuvor nach dem Stempelkissen. Und wie sich das Aufdruckdatum einstellen lässt, muss er auch vergessen haben. »Wie viele Fremde kommen denn im Jahr hier so an?«, fragen wir. »Einer«, sagt er, »höchstens.«

»Dann haben wir Ihnen ja für vier Jahre Arbeit gemacht«, verabschieden wir uns. Da sind Stempel und Tintenkissen bereits wieder verstaut, um erneut in Vergessenheit zu geraten.

Die Tagestour durch Pukapukas Dörfer endet an Gräbern. Auffällig viele Friedhöfe gibt es hier, fast bei jeder Häusergruppe einen, meist eine namenlose Ansammlung schwarz verwitterter Korallensteine, die wie schlechte Zähne aus der Erde ragen. Nur vereinzelt findet sich ein eingefasstes Grab, ein Kreuz mit einer Inschrift.

Vai zeigt uns, wo er einmal beerdigt werden wird. Die Grabwahl sei auf Pukapuka keineswegs frei. Im Gegenteil. Der Friedhof, so erfahren wir, ersetzt hier offenbar das Einwohnerzentralregister. »Wenn jemand das Dorf wechselt, was beim Heiraten oft vorkommt«, holt Vai aus, »dann weiß man manchmal nicht mehr, wo er herkam. Dann fragen wir ihn einfach, wo er begraben wird. Daraufhin nennt er sein wahres Dorf, und schon weiß man es wieder ganz genau.«

Aber wer Grund habe, sich aus seinem Dorf zu mogeln, könne doch auch bei dieser Antwort schummeln, wende ich ein. »Das wird er nicht tun«, fährt Vai hoch. »Da würde es ihm in seinem Grab fürchterlich ergehen. Wenn es ums Grab geht, darf man sein Dorf nicht verleugnen. Man kommt nun einmal aus dem Dorf der Eltern. Alles, was man ist, hat man von ihnen übernommen. Also geht man auch dort ins Grab.«

Auch das sei ein eigener Brauch, den Pukapuka pflege, sagt er. Deshalb müsse man es ja vor diesen ewigen Reformern schützen.

Tag sieben

Wie Grabschwindler im Nachhinein bestraft werden, konnte uns Vai nicht näher ausführen. Es blieb wohl der Fantasie der Einzelnen überlassen.

Traditionen, die dem Willen von Naturgottheiten, Geistern und Dämonen folgen, sind in der Südsee noch immer weit verbreitet.

Auch verstorbene Häuptlinge und Würdenträger konnten es nach ihrem Tod zu Götterstatus bringen, wenn auch nur in den Dörfern, in denen man sie kannte. Geschichten wie die des Maori-Helden, der die Sonne zähmte, gibt es auch auf Pukapuka.

Bevor wir abreisen, erzählt uns Vai von einer solchen Heldentat. Unter einem der Puka-Bäume, die der Insel ihren Namen gaben, zeigt er uns zwei große Steinplatten, die aufrecht aus der Erde ragen. Ein einziger Grenzwächter habe sie einst vom Strand hierher geschleppt, um damit zwischen Dorf und Reservat den Durchgang zu verengen.

Kokosnussdieben sei fortan auf ihrer Flucht nur noch diese eine Lücke geblieben. Praktischerweise sei dahinter gleich ein Schlammtümpel gewesen, in den die Diebe in der Nacht hineinfielen.

Dort habe der Wächter dann leichtes Spiel mit ihnen gehabt.

Jenseits der Steine sehen wir zwar noch viele andere Möglichkeiten, von hier nach da zu kommen. Aber Helden soll man mit Respekt begegnen. »Wie viele Diebe endeten denn so im Schlamm?«, frage ich Vai. »Das weiß man nicht mehr, die sind alle längst gestorben, es ist halt eine Geschichte«, meint er.

Im Blechboot machen wir uns wieder auf zur Landepiste, nachdem die Hausherrin uns Abschieds-Blütenkränze umgehängt hat. Am Ende der Lagune erfahren wir, dass die Insel noch einen anderen Namen trägt, vor allem unter Seeleuten: »Danger Island«, Insel der Gefahr.

Ein verwitterter, hohl ausgespülter Schiffsrumpf liegt da, ein zweiter ein paar Meilen weiter. Beide Schiffe waren über dem unsichtbaren Riff auf Grund gelaufen.

Beim Abflug zieht Sir Geoffrey, wie alle Politiker, die eine Kamera erblicken, eine positive Bilanz seines Besuchs. »Wir haben Sie sagen hören, dass Pukapuka stets zu kurz kam«, zitieren wir ihn. »Das hätten Sie doch als Premierminister besser machen können. Warum sollten die Wähler Ihnen also glauben?« Sein Lächeln trübt das nicht. »Sie müssen es«, sagt er unbeeindruckt. »Wir machen einfach die bessere Politik.«

Eine Fangemeinde hinterlässt er dennoch nicht. Als er die Treppe hochkommt und sich noch kurz zum Winken umdrehen will, ist draußen keiner mehr, der herschaut.

Weltrekord-Tourist Charles Veley füllt später die offenen Kästchen eines Kreuzworträtsels aus, das er in einer »Cook Island News« gefunden hat. Erst korrigiert er alle Fehler seines Vorgängers, dann löst er es komplett.

Lücken erträgt er nun mal nicht.

Tag acht

Nach grandiosem Blick auf Aitutakis Dünenring und erneutem Zwischenstopp auf Rarotonga lassen wir die Cookinseln nun hinter uns. Schade, denn die Berge Rarotongas, die auflodern wie schattenhafte Flammen, hätten noch einen Besuch verdient.

Es ist eine der wenigen Inseln, deren Vulkangipfel aus der Lagune ragt. Auf der Küstenstraße um ihn herum gibt es nur zwei Buslinien: eine im Uhrzeigersinn und eine in die Gegenrichtung.

Ich frage mich, in welche Richtung wohl Pukapuka weiterschreitet. Der Wunsch des Dorfsprechers, den Bewohnern ihre eigene Kultur zu lassen, ist verständlich und ähnelt dem der Maori in Neuseeland. Zentren wie Rarotonga haben ja tatsächlich schon viel von der Naturnähe der Außeninseln eingebüßt.

Andererseits schützen die Altvorderen, indem sie Wandel ausschließen, auch ihre eigenen Interessen. Zu später Stunde beklagte Vai es schon mal als Problem, dass Pukapukas Söhne heute nicht mehr so bedingungslos auf ihre Väter hören wie früher, zumal wenn sie die bessere Bildung haben.

Ganz glaubwürdig sind Vai und seine Mitstreiter ohnehin nicht: Wer derart die pukapukanische Identität hochhält, dürfte seinen Dörfern auch nicht die Namen fremder Länder geben.

Mit der Abendmaschine werden wir nach Pago Pago in Amerikanisch-Samoa fliegen, eine Durchgangsstation auf dem Weg zur Insel Niue, unserem nächsten Ziel. Diese Insel-Hüpferei ist nötig, weil es auf unserer Wunschroute selten eine Direktverbindung gibt.

Bei der Ausreise am Flughafen legen die Einheimischen neuseeländische Pässe vor. Die Cookinseln entschieden sich in den Sechzigerjahren zwar für die Unabhängigkeit von ihren Kolonialherren, schlossen aber einen Vertrag, der ihnen die neuseeländische Staatsbürgerschaft und Wirtschaftshilfe sichert. Neuseeland überlassen sie dafür die Außen- und Verteidigungspolitik.

Die Wirtschaftshilfe fließt auch auf privatem Wege: Von den 50 000 »Cookies«, wie sie hier oft genannt werden, sind zwei Drittel bereits nach Neuseeland ausgewandert. Ihr Erspartes, das sie von dort ihren Familien auf den Inseln schicken, macht oft das Haupteinkommen der verbliebenen Bewohner aus.

Nach Pukapuka freilich müssen die Spender Bargeld auf den Weg bringen, das sie meist Reisenden mitgeben, denen sie vertrauen. Eine Bank gibt es dort bisher nicht. Nicht einmal in »America«.

Amerikanisch-Samoa
Das breite Kreuz des Südens

Abends um zehn kommen wir in Pago Pago an, dem Hauptort der amerikanischen Hälfte von Samoa. Die Ersten, die wir antreffen, sind wie immer die Flughafen-Beamten: die Leute von der Einreisebehörde, ein Mann, der untaugliche Gepäckkarren für je einen US-Dollar verleiht, die Zollbeamten.

Dennoch ist diese Ankunft anders, denn wir fühlen uns plötzlich wie Gulliver im Land der Riesen. Keiner scheint weniger als drei Zentner Lebendmasse aufzubieten. Die Menschen bewegen sich hier träge schaukelnd. Und wer sitzt, verdeckt den Bürostuhl unter sich komplett. Daneben wir, wie scheue Kleine auf dem Schulausflug.

Mit dem Kreuz des Südens verbinden wir fortan eher Samoas breite Schultern. In Händen dieser Zeitgenossen, denke ich, wirkt eigentlich jede Gitarre wie eine Okulele.

Dass Samoa einst geteilt wurde, lag im Grunde am Wetter. Als Ende des 19. Jahrhunderts die Großmächte England, Amerika und Deutschland hier zur Entscheidungsschlacht bereit waren, zerschlug sie allesamt ein viel stärkerer Gegner. Ein Hurrikan versenkte ihre Kriegsschiffe, knapp 150 Seeleute ertranken.

Danach waren die Großmächte vorerst entwaffnet und verhandlungswillig. Samoas Osten fiel so an Amerika, West-Samoa an die Deutschen. Die Briten liebäugelten inzwischen mehr mit Tonga.

Amerikanisch-Samoa untersteht heute dem Innenministerium in Washington. Es ist das südlichste Territorium Amerikas.

Tag neun

Das Frühstück im »Quality Inn« nahe dem Airport hat tatsächlich eine eigene Qualität. Es belegt, dass die Leibesfülle an der Schnittstelle zwischen samoanischer und amerikanischer Ernährungsweise kein Zufall ist. Unser Tonmann hat den Standardteller geordert. Was die Bedienung bringt, ist eine Jahresdosis Cholesterin.

Im Fett schwimmen Bratkartoffeln, drei fingerdicke Scheiben Schinken, braunrote, pralle Würste, glasiger Speck, ein Berg Rührei und zwei Pfannkuchen mit Sirup. Wohlwollend lächelt die Bedienung. Auf Wunsch könne man selbstverständlich nachordern.

Beim Auschecken bringen wir schon die Zimmernummern durcheinander. Zu viele Unterkünfte, zu viele Stationen haben wir schon hinter uns. Die Wochentage und das Datum können wir gerade noch behalten.

Halb zehn Uhr morgens in Samoa ist halb zehn Uhr abends in Europa. Und halb zehn Uhr früh jenseits der Datumsgrenze – allerdings ein Tag später. Langsam verstehen wir die Tongaer, die ihren König fragten, wo denn nun der eine Tag geblieben sei.

Der Taxifahrer, der uns wieder zum Airport bringt, dreht Radio und Klimaanlage an. Wir fragen uns, was schwerer zu ertragen ist.

»Danke Leute fürs Einschalten«, krächzt der Ansager heiser und reiht seine Sechzigerjahre-Schnulzen aneinander. Sechzehn Grad Kälte umwehen uns aus Kühlschlitzen. Wir bitten den Chauffeur, die Unterkühlung abzumildern. Dafür ertragen wir die Reichweite des Radios.

In der Flughafenschlange spricht mich ein Mann an, nachdem er auf einer unserer Kisten den »German TV«-Sticker entdeckt hat. Ein quirliger Typ mit Bürstenhaarschnitt und roter Brille. »Uiii geets? Dankesheen, bittesheen«, grinst er.

Ich frage ihn nach seiner Herkunft. Sein Name sei Wells, Vorname Charles. Er lebte neun Jahre lang im Rheinland, im Dienste der US-Armee. »Just call me Prince Charles«, sagt er cool und fingert nach seinen Zigaretten. »Wanna smoke? No smoke? Very good.«

Sein Großvater, dem Vernehmen nach ein Mann aus Bonn, kämpfte damals noch für die Deutschen. Mehr erfahren wir nicht mehr, da Prinz Charles nun selbst zu seinem Flugzeug muss. Er sei ein Undercover-Agent, flüstert er mir noch rasch ins Ohr. Er müsse einen Mann festnehmen, den die US-Behörden suchten.

Ein Agent, der jedem sagt, dass er gerade undercover unterwegs ist, ist entweder ein schlechter Vertreter seiner Zunft oder überhaupt keiner, sind wir uns einig.

Wenn wir in West-Samoa seien, werde er uns wiedertreffen, hatte er angekündigt. Wir haben nie mehr etwas von ihm gehört.

Am Vormittag ziehen wir weiter. Abflug nach West-Samoa. An Bord des voll bepackten 20-Sitzers der »Polynesian Airlines« sind die Armaturen abgegriffen. Wo einmal Farbe war, ist nur noch fleckiges Metall.

Der Pilot, dem der Schweiß über die Stirn rinnt, umfasst den Starthebel unter der Decke. Als die Maschine hochzieht, erscheint unter uns ein Fischerboot, das im Kreis herum fährt.

Auch wir fliegen eine lange Kurve, kreuzen noch einmal die Hügel, dann geht es westwärts Richtung Schwesterinsel und von dort, noch in der Nacht, nach Niue.

Niue

Sturmschäden und Seeschlangen

Tag zehn

Vier Uhr früh. Niue empfängt uns bei zwanzig Grad Celsius und
lauem Wind. Auch hier bleibt einem nur die Wahl, wie schon in Rarotonga, im Uhrzeigersinn oder »counterclockwise« die Insel zu bereisen, fast immer an der Küste entlang. Selbst wer nur vierzig Stundenkilometer fährt, was den schmalen Wegen angemessen ist, hat
die Insel in einer Stunde schon umrundet.

Unser Hotel ist das einzige, das der letzte Zyklon übrig gelassen
hat. »Matavai« heißt die in die Klippen gestellte Anlage mit üppiger
Veranda, kleinem Pool und die Einsamkeit darstellenden Gemälden
eines neuseeländischen Malers, der sich zur Inspiration hierhin zu-
rückgezogen hat. Immer umhüllt vom Rauschen der Brandung, die
sich zwanzig Meter tiefer an der Felswand bricht.

»The Rock of Polynesia«, der Felsen Polynesiens, sei Niue, heißt
es. Kein Strand, kein Fluss, keine Lagune. Durch vulkanischen
Druck wurde der Felsenschild im Laufe von Jahrtausenden empor-
gehoben, als größtes und höchstes Korallenmassiv der Welt. Sieb-
zig Meter hoch ragt der Koloss stellenweise aus dem Meer. Hinter
der Küste gibt es noch intakten Regenwald.

Beim Frühstück über den Klippen umflattern uns schwarzbraune
Schmetterlinge. Die Zuckerdose steht in einer flachen Wasserschüs-
sel, die erfolgreich ein paar Ameisen auf Distanz hält. Aus dem
Lautsprecher schallt, zur Geologie passend, harte Rockmusik von
»Sunshine Radio Niue«.

Der Manager ähnelt Harald Schmidt verblüffend, deshalb rechne ich bei ihm stets mit einer Pointe. Tatsächlich entpuppt er sich später als humorvoller Entertainer. Als Barkeeper unterhält er jeden Abend eine Gruppe Reisender aus Sydney, die sich hier für eine Woche eingebucht hat.

Die beiden Frauen, die uns Kaffee und Toast servieren, preisen die Hotelveranda als schönsten Ort der Insel. Man sehe hier rundum Meer und Klippen. Und jetzt, da die Buckelwale hoch nach Tonga zögen, kämen sie täglich hier vorbei und machten Sprünge. Wir würden das bestimmt noch sehen.

Hoch über der rauschenden Gischt stütze ich mich auf den Handlauf wie auf eine Reling. Der Blick in die offene Bucht gleicht dem eines Kapitäns auf seiner Brücke. Vor mir die See, Kurs immer geradeaus. Niue als Felsenschiff. Unsinkbar.

Am Himmel reißen blaue Flecken auf. Im Hauptort Alofi sind wir mit einem Mann verabredet, der Dylan heißt und sich hier um Reisende kümmert. 42 Jahre ist er alt, ein Bartträger, kräftig und beleibt, aber nach unseren neuen samoanischen Maßstäben geradezu schlank. »Hätte ich gewusst, dass ihr mit der Kamera kommt, hätte ich mich noch rasiert«, scherzt er.

Die Straße ist von hohläugigen Häusern gesäumt, deren einstige Bewohner Niue irgendwann verlassen haben. Erstmals wird klar, dass sie nicht nur Geld schicken, sondern oft auch triste Spuren hinterlassen. Fast auf jedes intakte Haus kommt hier eine Ruine. Mitunter fühlen wir uns wie in Geisterdörfern, zurückgelassen nach Abklingen des Goldrauschs. Doch einen Goldrausch gab es hier nie.

Und auch die Zukunft ist bedrohlich. Der Zyklon, der hier vor Wochen wütete, hat Niue fast kahl gefegt. Je weiter wir nach Norden kommen, desto häufiger weisen nun auch neuere Gebäude Schäden auf. Kaum ein Dach, das hier nicht notdürftig verhüllt oder vernagelt ist. Immer öfter sehen wir in offene, vor kurzem noch bewohnte Räume – wie eine Theaterbühne, nur leer gewaschen von Regen, Sturm und Wellen.

Dann türmen sich neben der Straße geknicktes Wellblech, Unrat, Kühlschrankwracks und Autoteile zu einer Riesenhalde. »Das ist alles Schrott, den wir nach dem Sturm eingesammelt haben«, sagt uns Dylan.

Vor Alofis Hafen, der kein echter Hafen ist, da ihm die Kaimauer zum Anlegen fehlt, liegt ein Containerschiff vor Anker. Es bringt Baumaterial: Zement, Hölzer, Dachbleche und Farbe. »Hier gibt's ja nur Korallenkalk«, sagt Dylan. »Alles andere müssen wir von außen herbeischaffen.«

Jeden Container seilen die Hafenarbeiter nun einzeln auf einen kleinen Lastkahn ab, den dann ein Motorboot an seiner Seite bis zur Ufermauer schleppt, wo er genauso mühselig wieder entladen wird.

Auf dem Küstenfelsen klettern wir über die Fundamente des einst größten Hotels. Dylan war hier vor Jahren Manager. Es hatte 32 Zimmer, einen Pavillon, ein Restaurant. Nichts davon ist übrig.

Und auch vom Museum nebenan nicht, nicht vom Krankenhaus, nicht vom Justizdepartment. Ein paar Eisenträger rosten noch hier und da verbogen im Wind. Unter unseren Füßen erkennen wir Reste blau gefliesten Bodens.

»Da drüben in dem Baum krallte sich eine Familie sieben Stunden lang fest, nachdem ihr Wagen von den Wellen weggerissen worden war«, sagt Dylan. Etwas weiter seien eine Mutter und ihr Kind gestorben, unter den Trümmern eines eingestürzten Daches.

Die Stürme kämen häufiger als früher und seien heftiger geworden, sagt er. Ob das eine Folge des Klimawandels sei, wisse er auch nicht. Aber viel mehr Probleme als ein ansteigender Meeresspiegel bereiteten inzwischen die Zyklone.

»Dabei ist es nicht der Wind, der uns Angst macht, sondern das Meer. Die Wellen schleudern Steine weiter und alles, was ihnen in die Bahn kommt. Auf dem Küstenstreifen darf hier nun keiner mehr ein Haus bauen«, sagt Dylan.

Niue war einmal reich bevölkert. In Neuseeland, dem Niue wie die Cookinseln per Kooperationsvertrag angegliedert ist, leben auch 20 000 Niueaner. Den Spruch vom Letzten, der auf ihrem Heimatfelsen bald das Licht ausknipst, haben wir unterwegs oft gehört.

In den Siebzigern habe die Abwanderung begonnen, erzählt uns Dylan. Als wir bei Alofis »Shopping Center«, einem Karree aus Friseursalon, Postamt, Bank und Souvenirladen den Wagen geparkt haben, essen wir an einer Fish-and-Chips-Bude zu Mittag. »Trotzdem sind wir als Auswanderer in Auckland, Wellington oder in Christchurch immer nur Bürger zweiter Klasse«, nimmt Dylan den Faden wieder auf, »Insulaner halt, von draußen.«

Es gab einen gelungenen Versuch, Immigranten aus Tuvalu auf Niue anzusiedeln, das inzwischen mehr Platz bietet als deren Heimat, erzählt Dylan, als wir über die Insel in sein Dorf fahren. Die Tuvalesensiedlung, die auf dem Weg liegt, macht einen soliden Eindruck. Vor den Hütten spielen Kinder. Wäsche flattert. »Wenn es sein muss, nehmen wir die alle auf«, sagt Dylan.

Am Straßenrand hat der Sturm die Palmen flach gelegt wie eine Schießbudenkulisse. »Vor dem Zyklon fuhr man hier nur durch Schatten«, berichtet er. Ein landwirtschaftliches Projekt versucht sich in Vanille-Produktion. Auch eine neue Fischfabrik soll den hier Verbliebenen bald eine Perspektive bieten.

Bezahlt wird dies überwiegend von Neuseeland. Den Rest steuert Niues Regierung bei – also ebenfalls Neuseeland. Da Alofi immer noch ein zugänglicher Hafen fehlt, ist das Projekt umstritten. Die

Verlade- und Transportkosten könnten unwirtschaftlich hoch werden. Und Niue allein ist als Absatzmarkt viel zu klein.

Im Dorf, das Hakapu heißt, ist ein Nachbar Dylans noch dabei, sein Holzdach zu erneuern. Die Kreissäge kreischt, Zimmerleute hämmern, es riecht nach frischer Farbe. Der Zyklon hatte das komplette Dach weggerissen. Danach drang Wasser in die Wände.

»Dreihundert Stundenkilometer Windgeschwindigkeit haben sie hinterher gemeldet«, erinnert sich der Mann, der drei Kinder auf dem Schoß hat. Morgens war es, er war im Nachbarhaus, da schrie seine Frau den Himmel an.

Er dachte, den Kindern sei etwas passiert, und rannte herbei, da sah er noch die letzten Blechteile wegfliegen. Wo eben noch die Zimmerdecke war, senkte sich jetzt die Sturmwolke ins Haus. »Bäume, Bretter, Steine, alles sah ich wie Papier darüber hinwegfliegen.« Als im Radio Alarmstufe rot ausgegeben worden sei, habe hier schon alles in Trümmern gelegen. Die Dachteile habe er am nächsten Tag fünfzig Meter weiter im Gestrüpp gefunden.

»Ich habe die Kinder einzeln ins Nachbarhaus gebracht«, sagt er. »Das sind zehn Meter Distanz. An diesem Morgen kam mir das wie hundert Meter vor.« Die Kinder hätten geweint wie beim Weltuntergang. »Ich sah, wie tief sich die Palmen bogen«, schildert der Sohn, »die Kokosnüsse flogen nur so herum.«

Die Regierung hilft dem Mann mit einem Zuschuss zu den Baukosten. Außerdem hat Tahiti zwanzig neue Holzhäuser gestiftet. In die dürfen nun jene einziehen, deren Heim komplett zerstört ist. Hier und da sehen wir diese Neubauten mit grünem Dach und braun gestrichenen Verandaplanken. Derzeit sind es die schmucksten Häuser auf der Insel.

Die Dorfhäuser gruppieren sich um einen weiten Anger und das weiße Grabmal eines alten Clanchefs. Ihre Angehörigen dürfen

Niues Einwohner begraben, wo sie wollen, solange es auf ihrem eigenen Land geschieht und nicht zu nah an einem Brunnen. Einen Friedhof sucht man auf Niue deshalb vergeblich.

Dann fallen uns auch in Dylans Dorf Ruinen auf, die nicht der Sturm hinterließ, sondern jene, die Niue schon zuvor den Rücken kehrten.

Wir fragen ihn, warum die Dörfler die verfallenen Häuser nicht abreißen. Zuerst zögert er mit seiner Antwort, weil die Kamera läuft. Dann aber redet er sich in Rage.

Brutstätten für Ratten und Moskitos seien das, das alte Material zudem voller Asbest. Jeden Morgen, wenn er aus dem Haus trete, ärgere auch er sich über diese toten Hinterlassenschaften.

»Aber was können wir tun? Die Grundstücke gehören unseren Landsleuten, die damals weggingen. Da waren diese Häuser noch in Ordnung.« Immerhin, die Regierung habe ein Gesetz beschlossen, das Abrisse ermögliche.

»Können die Besitzer das zurückgelassene Land denn nicht verkaufen?«, frage ich. »An wen denn?«, fragt er zurück. »Es gibt doch hier viel zu viel Land.«

Zu viel Land auf einer Insel, die man in einer Stunde schon umrundet hat.

Andere erzählen uns später, es gebe längst Handhaben, um einzugreifen, gerade wenn die Ruinen eine Gefahr darstellten.

Die Regierung aber frage nur bei den Besitzern in der Ferne nach – um als Antwort zu erhalten, sie solle sich unterstehen, fremdes Eigentum anzurühren. Und so ende die Geschichte immer wieder.

Niues Politiker wissen vermutlich, dass auch sie von der Verbundenheit und Solidarität der Landsleute jenseits der Insel leben. Auch wenn diese Verbundenheit angesichts der Geisterhäuser längst zur Illusion geworden ist.

Tag elf

In der Nacht hat es wieder geregnet, der Himmel bleibt weiterhin bedeckt. Der Kameramann dreht Einstellungen vom Meer, das wild an Niues Klippen schlägt.

Als wollte uns der Morgen etwas Hoffnung machen, schickt er einen Regenbogen, der sich mitten in das Meer hineinbiegt.

Drei Tage bleiben uns für die Ziele, die wir hier unter Wasser aufsuchen wollen, sobald das Wetter etwas besser wird, denn so beklemmend uns die Dörfer erscheinen, so sehr gilt die Insel unter Hobbytauchern als einzigartiges Revier. Eine Grotte voller Seeschlangen, die den Namen »Snake Gully« trägt, Unterwasserschluchten und Höhlen, in denen sich das blaue Licht bricht.

Bis zu 70 Meter klare Sicht an Sonnentagen, schwärmen Tauchprofis. Wo keine Flüsse Schlamm anschleppen, trübt nichts den Blick. Aber solange hier der Himmel derart grau ist, ist nicht viel Sicht zu trüben.

Vor den Klippen tummeln sich zwei Wale, die uns ein paar Mal ihren Rücken sehen lassen, eine Fontäne in die Luft pusten und dann träge signalisieren, dass sie nun wieder abtauchen. Von meinem Kameramann lerne ich, dass es nicht Schwanzflosse heißt, sondern Fluke.

Ihm bereiten sie unterdessen ähnliche Mühe wie Neuseelands Schafe: Kaum sind sie ins Visier genommen, sind sie schon wieder weg.

Am Nachmittag besuchen wir Niues Polizei, deren Holzhütte ebenfalls lädiert ist. Der Officer, dem ich uns am Vortag angekündigt hatte, ist jedoch gerade weggefahren. Die zwei Kollegen, die noch da sind, wissen nicht wohin und können ihn auch nicht erreichen. Funk gehört hier nicht zur Polizeiausstattung.

Da wir im Gefängnis drehen wollen, nehmen wir an, er sei schon vorgefahren. »Fahren Sie einfach zum Golfplatz«, sagt man uns, »zwischen Flughafen und dem Justizgebäude.«

Als wir nur die üblichen Wohnhäuser finden, der Officer nicht auftaucht und wir ohnehin die Zusage des Justizbüros brauchen, fragen wir dort nach. Ein Mann erscheint barfuß in der Eingangstür und stellt sich gut aufgelegt als Justizminister vor.

Über ihm rangiert hier nur noch der Premierminister, der heute eine Kabinettssitzung leitet. »Müssen Sie dort nicht dabei sein? Oder mögen Sie Sitzungen nicht?«, fragen wir augenzwinkernd. »Zeitverschwendung«, winkt er ab. In vielen Konferenzen werde nur viel geredet.

Wie viele Insassen er denn gerade in Verwahrung habe, will ich wissen. »Drei Mann«, sagt er. Zwei davon wegen Totschlags kürzlich zu zehn Jahren Haft verurteilt, einer als Untersuchungshäftling, wegen mutmaßlichen Raubes. »Der wartet aber noch auf seinen Prozess.« Ansonsten fielen auf Niue allenfalls Alkoholdelikte, zu schnelles Fahren und Familienstreitigkeiten an.

Gemeinsam schlendern wir über den Golfplatz, der etwa so breit ist wie ein Fußballfeld. Das Gebäude, das sich anschließt, haben wir für ein Wohnhaus gehalten. Erst als wir uns ihm nähern, sehen wir, dass es einen Mitteldurchgang mit einer Reihe Gittertüren hat. Keine davon ist verschlossen.

In einer Zelle läuft ein Farbfernseher, ein Häftling arbeitet im Gemüsebeet, der dritte hantiert mit einer Bandsäge in einem Schuppen nebenan.

»Früher gab es hier auch mal Stacheldraht«, sagt der Minister. »Aber unsere Art Strafvollzug braucht das nicht. Solange die Leute sich benehmen, klappt das gut. Jeder der drei Häftlinge bearbeitet einen Teil des Gartens. Das Gemüse verkaufen sie für Tabak und Zigaretten.«

In drei Schichten halte sich hier jeweils ein Wärter auf. Seit Jahrzehnten habe es auf Niue keine Kapitalverbrechen mehr gegeben.

Die Ausreißer in der Statistik aber sind imposant. »In der Kolonialzeit, Anfang der Fünfzigerjahre, brachen hier alle Insassen gemeinsam aus«, sagt der Justizminister, »marschierten geradewegs zur Residenz des neuseeländischen Hochkommissars und meuchelten ihn auf der Stelle.«

Und? Konnten sie entkommen? »Wie denn, da hätten sie ja schwimmen müssen«, lacht er. Nach sieben Tagen hätten sie sich selbst ergeben.

Die jüngsten Fälle waren eher unpolitisch, aber nicht weniger originell. Einer der Knastbewohner habe seine Stiefmutter niedergestreckt, weiht uns der Minister ein. Der andere wechselte nur die Gitterseite: Er war selber Gefängniswärter, bis zu jenem Tag, an dem er im Streit einen der Häftlinge erschossen hat. Seither trügen die Wärter keine Waffen mehr. So gebe es auch keinen Ärger, sagt er im Interview.

Als Ergänzung dreht das Team Details: die Küche, die offenen Gittertüren, die Schatten der Insassen. Mit ihnen reden dürfen wir ohnehin nicht.

Auf einem Tisch ist vage ein Schachbrett aufgemalt, darauf liegen Flaschendeckel als Figuren.

Und der Golfplatz, spielen sie da ab und zu auch?, frage ich. »Wenn es niemanden stört, etwa am Sonntagvormittag, wenn alle in der Kirche sind, hat es das auch schon mal gegeben«, sagt der Minister gelassen, »aber wir unterstützen das nicht.«

»Knackis zwischen Höchststrafe und Handicap« rangiert später auf Platz zwei unserer Schlagzeilen-Hitliste. Gewinner wird mit Abstand »Golfrasen und Gitterstäbe: Eingelocht auf Niue«.

Tag zwölf

Der Wetterdienst hat sich schon wieder nicht entschieden: Sowohl Sonne als auch Wolken und Schauer sind angekündigt. Die Aussichten aber seien gut. Ian, der Mann, der uns Niues Unterwasserwelt vorstellen soll, rät uns, noch einen Tag zu warten. Eigentlich könne es nur besser werden.

Wir entscheiden uns dagegen – und sollten damit Glück haben. Denn als wir uns in Ians Wagen samt Anhänger und Boot auf den Weg zur Bucht machen, klart es allmählich auf. »Boote dürfen hier nicht über Nacht im Wasser liegen«, sagt Ian, »weil es keinen geschützten Hafen gibt.«

Nach kurzer Fahrt biegt er in einen abschüssigen Weg ein, an dessen Ende sich Betontrümmer häufen. Zum Glück hat der Zyklon den kleinen Drehkran heil gelassen, an dessen Arm Ian nun das Boot aufhängt wie einen Kronleuchter am Deckenhaken.

Die Handkurbel knirscht, die Last hebt sich, dann drehen wir den Kranausleger hinaus über das Wasser.

»Die langsame oder die effiziente Variante?«, fragt Ian schelmisch. »Lieber effizient«, sagen wir, und Ian zieht die Kurbel von der Achse. Ein kurzes Schnurren, das Stahlseil saust nach unten, dann platscht das Boot aufs Wasser.

Zuvor schon haben wir bemerkt, dass wir beobachtet werden. Im Meer und auf den Ufersteinen heben weiß-braun geringelte, etwa einen Meter lange Seeschlangen die Köpfe und drehen sie in unsere Richtung.

»Sind die eigentlich giftig?«, frage ich, eine beruhigende Antwort erwartend. »Ja, zehnmal mehr als Kobras«, erwidert Ian. Ich schlucke.

»Und haben sie schon jemanden gebissen?« Nein, sagt er, das sei nicht ihre Art. »Sie sparen sich ihr Gift für ihre Beute. Kleinkrebse,

Höhlenfische. Außerdem kriegen sie ihr kleines Maul nicht so weit auf. Selbst wenn sie wollten, könnten sie uns allenfalls am Finger oder am Ohrläppchen beißen. Durch den Tauchanzug kämen sie nicht hindurch.«

Selten war mir die Schutzlosigkeit von Ohrläppchen so bewusst. Er habe nie erlebt, dass jemand angegriffen worden sei, versichert Ian. Seit Jahren halte er sie da unten immer wieder in den Händen, nie sei etwas passiert.

»Snake Gully«, die Schlangengrube, hatten wir auf Ians Website entdeckt. Dazu Unterwasserfotos von dutzendfach in Felsnischen verknäulten Schlangenkörpern und Höhlen, in die schräg die Sonnenstrahlen einfallen. Bilderfutter für unseren Film.

Draußen in der Bucht stoßen wir wieder auf zwei Wale. Das Schnauben ihrer Atemlöcher ist deutlich zu hören. Als wir uns langsam nähern, sehen wir, wie sich die mächtigen Rücken aus dem Wasser wölben, erst breit wie ein Schiffsrumpf, dann sich verjüngend, bis zur Fluke hin, die der Schwunglinie des Körpers folgt, erst als nassgraue Fläche, von der noch Wasser rinnt. Dann, als Letztes, zeigt sich die weiße Unterseite. Eintauchen, Wasserwirbel, weg.

Auch ein Schwarm Delfine grüßt unser Boot, verspielt kreuzen sie vor dem Bug oder springen in Stafetten nebenher.

An einer Boje vertäut treibt das Boot dann unter wolkenlosem Himmel in der Sonne, während wir uns Ian folgend mit Tauchlampen und Unterwasserkamera der Schlangengrube nähern.

Wie Schlangen auf der Erde kriechen können, war mir schon immer rätselhaft. Aber wie diese flossenlosen Körper durch das Wasser gleiten, erscheint mir noch viel wundersamer. Vor Staunen über ihre Eleganz vergessen wir fast, was sie in ihren Giftzähnen bereithalten. Dennoch bemerke ich erleichtert, dass nicht nur wir um sie stets einen Bogen machen, sondern auch sie um uns.

Auf dem Meeresgrund liegen andere eingerollt in Löchern oder klemmen sich in Felsspalten. Auch üppige Schlangenknäuel entdecken wir später in kleinen Grotten, als hielten sie dort Winterschlaf.

Irgendwann greift Ian mit beiden Händen vorsichtig nach einem vorbeischwebenden Exemplar und hält es nun wie eine Opfergabe vor sich. Kopf und Vorderteil winden sich weiter, als bemerke das Tier gar nicht, dass es festgehalten wird. Als er es freilässt, zieht es unbeeindruckt seines Weges.

Der Blick nach oben trifft einen weiß wabernden Sonnenball. Ihm entgegen schwimmen die Schlangen regelmäßig hoch, um an der Oberfläche Luft zu schnappen, mit dem kleinen Kopf über die Wellen spähend, dann plötzlich huschen sie wieder hinab.

Die Höhlen sind vornehmlich von Langusten besiedelt, die doppelt so groß scheinen wie jene, die wir aus Restaurants oder von Märkten kennen. Im Licht der Lampen wirken sie wie aus dem Schlaf geweckt, spitzfüßig, ihre Fühler bewegend wie Dirigenten mit zu vielen Taktstöcken. Langsam setzen sie sich in Bewegung, als gelte es, nun, da sie schon mal wach sind, das Höhlenorchester anzustimmen.

Wir lassen sie schließlich in ihr Felsenloch zurückkriechen und ziehen es vor, wieder dem Sonnenlicht zu folgen, den Höhleneingang hinaus und dann hinauf zum Boot, wo uns etliche Schlangenköpfchen zum Abschied noch einmal beäugen.

»Warum gibt es hier so viele davon?«, fragen wir Ian. Es seien schon öfter Forscher da gewesen, sagt er, die sich die gleiche Frage stellten. Aber sie hätten auch keine Erklärung gefunden. »Ich denke, sie mögen Frischwasser«, sagt er, »denn hier unter dem Felsen ist ein Zufluss.«

Zurück im Hotel suche ich im Wörterbuch nach »Kraits«. So hatte Ian seine Lieblinge genannt. »Bengalische Schlange«, steht da, »hochgiftig«. Spontan fasse ich mir noch mal ans Ohr.

Tag dreizehn

Die Schmetterlinge flattern wieder um die Sträucher. Mit den Bildern, die wir mit Ians Hilfe drehten, sind wir nach dem Sichten sehr zufrieden. Zeit für einen freien Tag.

Später fragt der Hotelier nach uns. Eine TV-Reporterin habe sich gemeldet. Sie wolle uns gerne ein paar Fragen stellen. Alle zwei Wochen produziert Niues Sender mit sechs Mitarbeitern zwanzig Minuten Nachrichten. Was uns hierher geführt habe, will die Kollegin wissen, und was wir schon gedreht hätten. Ihr Kameramann zeichnet die Antworten auf. Heute Abend um acht Uhr, sagt sie, könnten wir es uns im Fernsehen anschauen.

Mit drei Themen wartet Niues »Tagesschau« später auf. Aufmacher ist die Ankündigung des Kabinetts, Niues Kultur besser zu wahren. Aktivitäten sollten gebündelt werden. Bündeln gehört offenbar zum weltpolitischen Grundvokabular. Dazu sehen wir Bilder einer Tanzgruppe und einer Schulklasse beim Unterricht in der Landessprache.

Danach, im Sportblock, erfährt der Zuschauer von Vorwürfen gegen das Management der Rugbymannschaft. Und das, obwohl Niues Nationalteam in Kürze gegen die Cookinseln antreten muss.

Das dritte Stück handelt vom Kurzbesuch des deutschen Fernsehens, zwischen Seeschlangen und Hausruinen.

Danach kehren wir in einem Lokal ein, das an der Küstenstraße hoch über den Klippen leuchtet. »Im Kühlschrank stehen Getränke, nehmt euch, was ihr wollt«, sagt die Wirtin gleich kumpelhaft. »Am Ende zählen wir die leeren Dosen.« Noch bevor wir nach einer Speisekarte fragen können, tischt sie jedem einen vollen Teller auf: zwei gegrillte Scheiben Thunfisch, Gemüse, Süßkartoffeln und eine Tomate.

Auch sie hat ihr Wohnhaus im Sturm verloren. Wie durch Fügung aber blieb das kleine Restaurant verschont, ein Häuschen mit vier Tischen, als hätten alle Wogen es bewusst gemieden.

Wir essen wie einst am Küchentisch der Großmutter. Als wir schon lange satt sind, kommt sie noch mit Pudding, Eis und Kuchen an. »Das geht aufs Haus«, sagt sie und fragt, wo wir denn herkommen.

In einer Baumkrone zeigt sie uns später einen Autoreifen, der in einer Astgabel klemmt, im Dunkeln gerade noch erkennbar. »So hoch«, zeigt sie hinauf, »schlugen hier die Wellen.«

Tag vierzehn

Abreisetag. Schon kurz nach sieben Uhr zieht es mich noch einmal zu meinem Logenplatz über den Klippen, wo ich mich anfangs fühlte wie der Kapitän.

Im Buch eines Kollegen lese ich und fühle nach, wie er als Auslandskorrespondent aus einem Entwicklungsland zurückkehrte ins sichere Europa. Offensichtlich geht es allen so: Kaum hat man sie wieder, findet man eben jene Sicherheit plötzlich befremdlich, leblos und steril.

Mir fällt die alte Frau von gestern wieder ein, die sich nicht über ihr verlorenes Haus beklagte, sondern nur dem Herrgott dafür dankte, dass er das kleine Restaurant verschont hatte.

Ein hohles Prusten, das ich kenne, lässt mich am Frühstückstisch aufhorchen. Wieder treiben Wale vor der Küste, ganz nah diesmal, ein Pärchen. Eine Frau vom Nebentisch tritt mit mir ans Geländer, die blaue Bühne unter uns ist frei für eine neue Vorstellung.

Erst sehen wir die Flossen, dann die Leiber, dann tauchen sie ab. »Das wird jetzt eine Weile dauern«, bemerke ich etwas zu altklug und gehe zurück zu meinem Frühstückstisch.

Dann höre ich ihren Schrei: »Seht euch das an!« Als ich mich umdrehe, sehe ich den Koloss nur noch aufs Wasser krachen. Danach springt er noch dreimal. Schießt wuchtig hoch, nicht elegant, einem U-Boot näher als der Fischform, und lässt sich auf den Rücken fallen, tonnenschwer und unförmig, ein klobig-zufälliges Wesen, im letzten Sprung schraubt er sich sogar noch höher heraus, die Flossen spreizend wie Kakteenblätter.

Zurück bleiben drei glatte Stellen auf der Wasseroberfläche. Und die Einsicht, dass auch dieser Auftritt wohl nicht für unsere Kamera bestimmt war.

Später Nachmittag, der Abflug verzögert sich. Beruhigend aber, dass Airports auch wie eine Bushaltestelle funktionieren können. Ohne Juweliere, Lounges und Designerwerbung. Ein Zaun, ein Dach, zwei Tische, eine Waage. Passstempel, Bordkarte. Niue.

Als sich die weiße Boeing aus Auckland in diese Umgebung schiebt, wirkt sie fast wie ein Raumschiff von einem fremden Stern.

Die Reisenden sind feierlich gekleidet, Männer mit Strohhut, Frauen in geblümter Bluse, die Kinder feucht gekämmt und nervös. Für die meisten ist es das erste Mal, dass sie in ein Flugzeug steigen.

Nun ahnen sie, dass sich etwas verändern wird, wissen aber noch nicht was.

West-Samoa

Insel ohne Wände

In der Kabine nehme ich neben einer faltigen Frau Platz, die mich breit lachend grüßt. Ihr Kopf nickt dabei mehr nach oben als nach unten. Zwei Klemmspangen halten ihr graues Haar am Hinterkopf, die schrumpeligen Hände umfassen ihre Tasche.

Uluiva Leaupepe Tapuai ist 77 Jahre alt, geboren in Tufutafoe, West-Samoa. Als ihr Mann vor dreizehn Jahren starb, holte ihre Tochter sie zu sich nach Neuseeland, erzählt sie mir in bruchstückhaftem Englisch. Insgesamt hat sie vier Töchter und zwei Söhne. Einen davon wird sie nach dreizehn Jahren jetzt erstmals wieder besuchen. Der einzige, der noch immer in Tufutafoe lebt.

Als ich auf ihre Bitte hin ihre Passdaten in das Einreiseformular für Samoa eingetragen habe, tätschelt sie meine Schulter. »Thank you for help me«, sagt sie mehrfach. Ich markiere ihr die Stellen, wo sie unterschreiben muss. Auf dem Klapptisch vor sich fasst sie beidhändig den Stift und krakelt zittrig eine Spur in die Zeile. Die rechte Hand umfasst dabei den Stift, die linke Hand die rechte, um sie ein wenig still zu halten. Ein paar Jahre lang mag das geholfen haben, nun aber zittern beide Hände einfach weiter.

Als die Manschette ihres Ärmels etwas nach oben rutscht, bemerke ich, dass sie offenbar die Uhr ihres Mannes trägt, eine verschlissene Herrenuhr mit Metallarmband. Und als sie später aussteigt, sehe ich an ihren Füßen breite schwarze Herrenschuhe.

Das »Insel-Hotel Fehmarn«, das wir für eine Nacht beziehen, verdankt seinen Namen einer Sturmflut in der Ostsee im vorletzten Jahrhundert.

Fast die ganze Familie eines Fährkapitäns kommt damals um. Allein der zwölfjährige Sohn kann sich an den Dachstuhl klammern, der auf das Meer hinaustreibt. Nach Stunden fischt ihn vor Dänemark ein Schiff aus dem Wasser und bringt ihn bis nach Kiel.

Der Junge wird später Kapitän zur See, befährt die Weltmeere, lässt sich zur deutschen Kolonialzeit Ende des 19. Jahrhunderts in der Südsee nieder und heiratet eine Samoanerin.

Sein Porträt hängt nun hier an der Rezeption. Er, Fritz Jürgen Kruse, war der Großvater des jetzigen Hotelbetreibers, der daneben abgebildet ist: Fritz Jürgen Kruse der Zweite. Seine Haut ist dunkler, sein Gesicht runder als das seines Großvaters. Vermutlich ist er auch größer und kräftiger von Statur.

In Samoas Telefonbuch ist Kruse nicht der einzige Name, der von deutschem Einfluss zeugt. Auch Retzlaffs, Keils und Schneckenbergers gibt es eine ganze Reihe. Eine Autowerkstatt wird von einem Fritz Schmidt betrieben, einem fülligen Samoaner.

Hätte er uns seinen Namen selbst genannt, wir hätten gedacht, er treibe einen Scherz mit uns.

Fritz Kruse den Zweiten treffen wir in seinem Wohnhaus an der Küste. Er ist ein wohlhabender Mann, sitzt als Abgeordneter in Samoas Parlament, spricht in ruhigen Worten Englisch und versteht noch ein paar Floskeln Deutsch.

Bereitwillig erzählt er uns vom damaligen Auftrag seines Großvaters. Der habe für die Kolonialherren einen Schoner kommandiert, von dem er den Eingeborenen der Außeninseln so lange Geschenke zuwerfen ließ, bis sie sich an Bord zu kommen trauten.

Dort habe man ihnen dann Wein gegeben, um sie betrunken zu machen. In Ketten gelegt seien sie später als Sklaven wieder aufgewacht. »Blackbirding«, zu deutsch »Amselfangen«, habe man das seinerzeit genannt.

Kruses Großvater war sicher nicht der einzige »Blackbirder«, wenn die Erzählung stimmt. Der Sklavenhandel blühte damals. Die Verschleppten wurden nicht nur an die Baumwoll- und Kokosnuss-plantagen Samoas und der Fidschis verkauft. Auch Perus Kupfer-minen, die Kaffeefelder auf Hawaii und die Zuckerrohrplantagen in Australien lebten von der Zwangsarbeit.

Viele der Verschleppten starben dort an Erschöpfung und an Krankheiten, gegen die sie keine Abwehrstoffe hatten. Die Koloni-alherren bevollmächtigten oft Handelsfirmen, die Geschäfte und Verwaltung auf den Inseln zu betreiben, was es den Nachkommen der Opfer heute unmöglich macht, Entschädigungen einzufordern. Die Firmen gibt es nicht mehr, und den Regierungen ist kaum noch nachzuweisen, dass sie damals die Auftraggeber waren.

Von Groll gegen die Deutschen ist in Samoa dennoch nichts zu spüren. Im Nachhinein gelten sie sogar als sanfte Kolonialherren, die zufrieden waren, wenn die Kokospalmen in geraden Reihen standen und der Handel mit Kopra, dem getrockneten Kokos-fleisch, einträglich war. Zudem bauten sie Straßen und Schulen und stoppten hier und da die Stammeskriege.

Mag sein, dass auch Kruse dieses Bild nicht trüben will. Als ich ihn bitte, vor der Kamera ein wenig vom Alltag seines Großvaters zu erzählen, schweigt er plötzlich. Er wisse das ja alles nur vom Hören-sagen, sagt er nun, damit solle man andere nicht belasten.

Im »Fehmarn«, einem schmucklosen Flachbau, der auch ein Motel irgendwo in Texas sein könnte, bieten unsere Zimmer erstmals auf der Reise eine kleine, funktionsfähige Küche.

Der Markt fünf Gehminuten entfernt hat noch geöffnet. Den Abend begehen wir zur Abwechslung als Selbstkocher in deutscher Tradition – über Schweinebraten, Kartoffeln und Salat.

Tag fünfzehn

Vor sechs Uhr früh brechen wir auf, um rechtzeitig die Autoschlange zu erreichen, die am Fährhafen auf die »Lady Samoa« wartet. Sie ist eines von zwei Schiffen, die zur Nachbarinsel Savaii hinüberfahren. Die dritte Fähre liegt dort ausgebrannt am Kai.

Die Fahrt zum Hafen führt an der Küste entlang. Der Morgen dämmert durch die Wolkendecke. Noch leuchtet das Meer heller als der Himmel.

Samoas Hütten haben keine Wände. Pfahlbauten, die »Fale« heißen, machen hier die Dörfer aus. Auf unterschiedlichsten Grundrissen, rund, eckig oder oval, reihen sie sich aneinander.

Im Vorbeifahren sehen wir noch Schlafende liegen, andere schälen sich gerade aus den Decken oder stapeln ihr Nachtlager schon in der Ecke auf.

Auch die Männer tragen hier wadenlange Röcke, ob sie nun mit einem Brennholzbündel oder mit dem Aktenkoffer unterwegs sind.

Als die Sonne durchbricht, fließt Farbe in die Vorgärten. Gemähter Rasen, Steinreihen um Bäume und Blumenbeete, schon bei Tagesanbruch werden herabgefallene Palmenzweige und Laub verbrannt. Die Häuser und Gärten werden gehegt, als nähmen sie an Schönheitswettbewerben teil.

An Bord der »Lady« fragen wir den Kapitän, ob wir zu ihm auf die Brücke dürfen. Seit Jahren fährt John Fomai hier dreimal täglich hin und her. Von einer Datumsgrenze gleich westlich seiner Inseln hat er nie gehört. »Ist die nicht irgendwo da oben in der Nähe Kiribatis?«, fragt er. Dann lädt er uns zu einer Instantsuppe ein: Kimchi-Eintopf aus einer Art koreanischem Sauerkraut, nur schärfer, mit Nudeln im Plastiktopf, eingeführt aus Südkorea.

Die Wolken, die am Himmel segeln, gleichen jenen, die einst der Mann vom Wetterbericht gekonnt mit Kreide an die Tafel malte.

Unten gerade wie mit dem Lineal gezogen. Darüber quellen sie dann auf wie eine Konditormütze. Dem Zeichner habe ich immer gerne zugesehen. Erst wenn er aus seinen Wolken in schrägen Strichlein Regen fallen ließ, verlor er meine Sympathie.

Als die Fähre im Ankunftshafen anlegt, strömen die bepackten Reisenden zu einer Reihe Autobusse, aus denen die Musik lauter quillt als aus den Bars auf Apias Hafenmeile.

Der Mann, mit dem wir hier verabredet sind, heißt Vaea Taito. Er ist neunundzwanzig Jahre alt, cool, aber nicht schlecht gelaunt, das krause Haar ist zu kleinen Locken eingegelt, seine verspiegelte Sonnenbrille reflektiert die rote Motorhaube. Als wir zusteigen, liegt er in seinem Fahrersitz wie eine umgedrehte Schildkröte in ihrem Rückenpanzer.

Der Plastikengel mit seinen rosa Flügeln legt sich als Kühlerfigur bald in den Fahrtwind. Wir sind dankbar, den Busbahnhof und seine Dieselwolke endlich gegen Frischluft einzutauschen.

Seine Frontscheibe hat Vaea so zugeklebt, dass er auf die Straße blickt wie durch den Sehschlitz eines Ritterhelms. In der Dachrundung darüber hängen drei zurechtgeschnittene Filmplakate, begrenzt von bunten Federboas und einer Schmuckgirlande.

Was sich dahinter anschließt, ist eine Mischung aus Riesen-Jeep, Autobus und Zirkuswagen. Motor und Fahrgestell stammen aus Japan, der Holzaufbau ist in Samoa angefertigt. In ein Holzkästchen wirft Vaea das Kleingeld, aus einem anderen greift er sich die CDs.

»Es ist ein guter Job«, sagt er, »du triffst jeden Tag Leute aus Savaii, Samoa, Übersee.« Er betreibe den Bus mit seinen Eltern und einigen der Brüder. Der Wandschmuck und die Musik sind sein Beitrag, damit sich die Leute bei ihm wohlfühlen.

Ein paar Minuten später steigen die Markteinkäufer zu. Als alle Holzbänke besetzt sind, klettern auch Erwachsene einander auf den

Schoß. Zuletzt werden durch die offenen Fenster Gasflaschen gereicht, Mehlsäcke und Kisten mit Gemüse.

Unter den Sitzen liegen Wurzelfrüchte, die fast aussehen wie Fliegerbomben. »Taamu heißen die«, sagt meine Nachbarin, »Tarowurzeln sind kleiner.«

Dann legt Vaea eine neue CD ein, und dank kühlschrankgroßer Lautsprecher unter Handschuhfach und Rückbank wummert unser Bus über die Landstraße, eine rollende Disco, die Bordmusik, von Reggae bis Lambada, hinter sich herziehend wie eine Leuchtspur.

So heizen sie über die Strecke und überholen sich gegenseitig, weil ihnen nur zwei Stunden bleiben, um bis zur nächsten Fährankunft wieder zurück zu sein.

Draußen ziehen türkisfarbene Buchten an uns vorbei, Felsklippen und schwarze Lavafelder, Fale-Dörfer, Kirchen mit Doppeltürmen, Arkaden und Rosetten. Die Musik mutet dazu wie ein Soundtrack an, die Bilderfolgen wie ein Roadmovie.

Am Eingang von Vaeas Dorf steigen wir aus. In den Fales, die man hier am Strand mieten kann, wollen wir uns einrichten.

Neun Brüder und fünf Schwestern gehören zu seiner Familie. In ihrer Runde, darauf legt er später Wert, ist er der »Talking Chief«, eine Art Clan-Kronprinz und Assistent des Häuptlings.

Seine Schwestern freilich ziehen ihn hörbar damit auf. »Too-Much-Talking-Chief«, stichelt die eine. »Too-Much-Eating-Chief«, kichert die nächste. »Coconut-Chief«, schließlich die dritte. Vaea bleibt gelassen.

Eine der Schwestern, die sich als Grace vorstellt, weist mich ins Fale ein. Matratze, zwei Betttücher, Moskitonetz. Als Sichtschutz kann man Rollos aus Flechtwerk zwischen den Pfeilern herunterlassen. Zum Meer hin lässt man sie eher oben, um nicht die Morgensonne zu verpassen.

»Wie sieht's mit einem Weckruf aus?«, frage ich im Scherz. »Um acht Uhr schlagen wir den Gong«, sagt Grace, »dann gibt's im Haupthaus Frühstück.«

Die Schwestern servieren später Abendessen, in bunten langen Kleidern und nach Parfum duftend, als gingen sie zum Ball. Es gibt gegrillten Fisch, Gemüse, Taroscheiben und Reis.

Zögerlich spricht mich danach eine der jungen Frauen an, ob ich nicht einen Deutschen kenne, der noch ungebunden sei. Unverheiratet sei nur unser Tonmann, sage ich wahrheitsgemäß, aber auf ihn warte meines Wissens zu Hause eine Freundin.

Neben den Gäste-Fales sehe ich das Schlaflager, das Vaea mit seiner Frau und seinem Sohn bewohnt. Es ist kaum größer als die unseren. Matratzen, Decken, ein Tisch mit Fernseher und Videogerät, Plastikstühle. Das Lager ist nach allen Seiten offen. Es sieht nicht so aus, als würden die Sichtblenden benutzt.

Als der Vollmond durch vorbeiziehende Wolken lugt, flimmert im Fernseher vor Vaea »König der Löwen« vom Video. Sein Sohn, der anfangs mitgeschaut hat, ist neben ihm eingeschlafen.

Das Videoband, wird uns Vaea morgen erzählen, habe er schon millionenmal gesehen.

Vom Bett aus wende ich meinen Blick dem Meer zu, das glatt liegt, als wäre es auch eingeschlafen, und frage mich, wann wohl Privatheit erfunden wurde.

Tag sechzehn

Wellen schwappen den Strand hoch. Sonne hinter Moskitonetz. Mein Blick versucht eine Schärfeverlagerung: Erst sehe ich das Wabenmuster scharf, während die Morgensonne verschwommen wirkt, dann umgekehrt.

Es ist Sonntag. Mit hellem Hemd und der Krawatte, die ich eigens dafür in den Koffer gepackt habe, machen wir uns auf zur Kirche.

Das auf die Außenwand gemalte rote Kirchenkreuz wird von zwei Giebeln unten verdeckt. Den turmlosen Barackenbau könnte man so auch für ein Lazarett halten. Die Glocke, die wir hörten, suchen wir vergeblich. Stattdessen baumelt eine alte Gasflasche von einem Holzgestell wie von einem Galgen. Die Pfarrersfrau schlägt auf dem Weg zur Kirche noch ein paar Mal mit einem Stab dagegen. Dann tritt sie durchs Portal. Wäre es ihr Hochzeitstag, sie könnte nicht festlicher gekleidet sein. Ganz in Weiß, einschließlich des breiten Hutes, die Seidenbluse mit eingewebtem Blättermuster.

Dass Samoaner ihre Kirchen meist in Weiß betreten, hatte ich gelesen. Die Strahlkraft ihrer Kleider beeindruckt mich nun dennoch. Zudem steht die Dichte an Damenhüten einem Trabrennen beim »Royal Hongkong Jockey Club« nicht nach.

»Wo immer wir herkommen, was immer wir hier tun«, sagt der Pfarrer, »ein jeder ist willkommen, denn wir sind alle Gottes Kinder.« Einmal nickt er dabei auch in unsere Richtung. Als Kamerateam sind wir damit wohlwollend vorgestellt. Statt eines Talars trägt er ein schneeweißes Jackett mit Rock.

Dann quält sich die Hammond-Orgel, der eine Rhythmus-Maschine wie beim Tanztee nebenhereilt. Draußen krähen Hähne, als wollten sie den Organisten anfeuern.

Doch als der Gesang einsetzt, versinken wir in Demut. Mal einstimmig, mal vielstimmig, trägt die Gemeinde Lied um Lied vor, mal laut, mal leise, mal sich steigernd, immer sicher.

Wir üben viel«, sagt uns der Pfarrer später. »Der Chor trifft sich mehrmals in der Woche. Die Leute haben Freude dabei.« Die alte Gasflasche, die ihm als Glocke dient, sei ein Geschenk des Dorfhäuptlings, Taito Muese Tanu, Vaeas Vater.

Jüngster Tag: Sonnenaufgang auf dem Flug zur Vavau-Inselgruppe im König-reich Tonga, nahe der Datumsgrenze

Neuseeland: Kranarbeiten im Kreise der Maori

Geweihter Berg: der Mt. Hikurangi zwischen Licht und Wolken

Parteipolitiker unerwünscht: die Landepiste Pukapukas

Heldengeschichte: Vai an der Dorfgrenze »Americas«

Etappenziel Niue: das ARD-Team vor einer Zyklon-Ruine

Ex-Hotelier Dylan: »Das Meer warf mit Steinen.«

Vaea mit Samoa-Bus: »Ein guter Job.«

Weißer Sonntag: Pfarrer mit Kirchenglocke

Ende der Welt: Abend an Samoas Westkap

Tonga: warme Buchten für die Wale

Skipper Sione: »Lieber jede Woche Lohn.«

Hautnah: schwimmen mit dem Buckelwal

Des Königs Untertanen: Gabenzug auf Wallis

Letzte Waschung: gestopfte Schweine im Platzregen

Ich sage dem Pfarrer, dass uns die große Zahl der Kirchen auf Samoa aufgefallen sei. Samoaner seien gottesfürchtig, sagt er und preist die »London Missionary Society«, die im Jahre 1830 das Christentum hierher brachte. Mal kamen sie vor, mal nach den Kolonisatoren. Über den Eifer der Missionare ist später viel geschrieben worden. Selbst wenn sie guter Absicht waren, zerstörte kaum jemand so systematisch die einheimische Kultur wie sie.

Im Machtverbund mit den Kolonialherren verboten sie Götterkulte, Körperschmuck und Tänze, zwangen die Frauen in hochgeschlossene Kleidung und trieben Ernteanteile als Kirchensteuer ein.

Als Neuheit brachten sie nicht nur die Religion. Viele der Bewohner starben damals an eingeschleppten Krankheiten wie Masern oder Windpocken. Mancherorts überlebte nur ein Zehntel der Bevölkerung.

Dennoch lässt sich kaum leugnen, dass die Medizin der Missionare meist mehr half als animistische Beschwörungen. Schon das brachte ihnen Ehrfurcht ein. Auch dass sie auf großen Schiffen fuhren und hellhäutig waren, verunsicherte die Inselbewohner.

Dass sie die Fremden bisweilen heute noch »Himmelsdurchbrecher« nennen, muss jedoch nicht bedeuten, dass sie sie weiterhin für Götter halten. Für Fremde, die aus Sicht einer Pazifikinsel nun mal vom Horizont her eindrangen, gab es nur dieses eine Wort.

Als Sprachproblem gibt es das zudem auch weiter westlich: In Japan, wo Ausländer und Außerirdische ebenfalls gleich bezeichnet werden, beklagen sich Nichtjapaner heute noch darüber, als »Aliens« registriert zu werden – obwohl auch das nicht heißt, dass man in Tokio jeden Fremden für einen Verwandten von E.T. hält.

Nachdem wir uns von Pfarrer und Gemeinde verabschiedet haben, schauen wir neben Vaeas Fale zu, wie seine Brüder den Sonntagsbraten aus dem Erdofen befreien.

Zuerst entfernen sie mit einer Bambuszange eine Lage Blätter und picken die heißen Steine weg. Zum Vorschein kommen gegarte Wurzeln, Baumfrüchte und eine fetttriefende Schweineschulter. Über den Steinen, die zuvor in Feuerglut erhitzt wurden, schmorte der zugedeckte Inhalt stundenlang. Die Großfamilien garen so seit Jahrhunderten ihr Sonntagsmahl, nicht nur in Samoa.

Im Flechtkorb muss das Essen nun eine Weile warten. Im Dorf-Fale tagt erst noch das Familienparlament. An jedem Pfosten lehnt ein Oberkörper. Allein Chief Tanu, ein grauhaariger, kompakter Mann, sitzt am Kopfende auf einem Stuhl.

So wird hier jeden Sonntag die alte Woche bilanziert und die neue vorbesprochen, bevor es wieder Vaeas Schwestern sind, die den anderen das Essen auftragen.

Auf dem Oberarm des jüngsten Bruders, der wie der Chief Tanu heißt, fällt uns ein tätowiertes Herz auf, unter dem »Rasela« steht. Ich frage ihn, ob das der Name seiner Freundin sei. »Nein, der meiner Mutter«, sagt er. Er trage ihn dort aus Respekt.

Die Rollen im Dorf sind traditionell verteilt«, sagt uns danach die Frau des Chiefs. »Die Männer machen alle Arbeit draußen, auf den Plantagen, beim Fischen und am Erdofen. Die Mütter erledigen die Hausarbeit, das Kochen, Nähen, die Erziehung der Kinder, Handarbeiten.«

Ob denn Druck zu spüren sei, bei dieser Verteilung einen Wandel zuzulassen, fragen wir den Chief, wir hätten gehört, es gebe nun auch Frauen in der Häuptlingsrolle.

»Ich bin jetzt sechsundsechzig Jahre alt«, sagt er freundlich. »Früher haben wir Chiefs alles entschieden. Heute darf in Samoa jeder das Parlament und den Premierminister wählen. Aber, um ehrlich zu sein, ich war nie dafür.« Für Europa möge das gut gewesen sein, aber Samoa sei Samoa.

Wenn Vaea die Antworten für uns übersetzt, beginnt er dies nicht etwa mit »Mein Vater sagte …«, sondern mit »Chief Tanu sprach …«.

Ob es ihnen eher wehtue oder ob sie es unterstützten, wenn von den Jungen jemand wegziehen wolle, fragen wir die Alten.

»Beides«, sagen sie da. »Wir haben die Kinder selbst ins Ausland geschickt, damit sie Englisch lernen und dann bei der Arbeit besser helfen können, ob nun als Busfahrer oder auch bei den Fales.«

Zweifellos hat der Mann seine Familie gut geführt, hat investiert und aufgebaut. Keiner sieht hier aus, als fühle er sich unwohl. Zum Abschied wird uns die gesamte Großfamilie später fröhlich ein Lied singen und nachwinken.

Dennoch hören wir auch anderes. Nach dem Interview mit dem Chief und seiner Frau sprechen wir etwas abseits auch mit Grace und einer ihrer Schwestern.

»Es ist okay hier, aber wenn die Alten nicht wären, wären wir nicht mehr da«, sagen sie offen in die Kamera. »Wenn sie tot sind, gehen wir sicher getrennte Wege. Wer seine Kinder in eine gute Schule schicken möchte, wer Arbeit sucht, wer nicht tagein, tagaus das Gleiche machen möchte, muss von hier weggehen.«

Eine der beiden ist bei einem Bruder in Australien aufgewachsen, die andere in Neuseeland. »Nun haben wir die Bildung, aber was sollen wir hier damit anfangen?«, fragen sie. »Hier, wo der Häuptling seinen Töchtern noch den Mann aussucht.«

Zwei finnische Touristen immerhin haben die Tanu-Familie so schon bereichert. Mit ihren Partnern leben zwei der Geschwister nun glücklich in Finnland. Manchmal finden die Einsamen der Welt einander erst, wenn sie sie halb umrundet haben.

Mein Tonmann vertraut mir später an, dass der Chief ihm tatsächlich eine seiner Töchter als Ehefrau vorgeschlagen habe. Es war jene, die in Australien aufgewachsen ist.

Wie muss es sein für einen alternden Patriarchen, wie für die Mutter an seiner Seite, wenn sie sich eingestehen müssen, dass ihre Welt keinen Bestand hat, geht mir durch den Kopf. Wie viel Größe erfordert es wohl, seine Kinder ziehen zu lassen? Es geht ja hier nicht um die nächste Stadt, es geht ja immer gleich um eine andere Welt.

In unserem Film wird Vaea womöglich irgendwann in seinem Autobus dem Sonnenuntergang entgegenfahren. Vielleicht wird später mal sein Sohn, der ebenfalls den Namen Tanu trägt, das Gleiche tun. Und am Fähranleger seine Tanten abholen, die aus Australien zu Besuch kommen.

Das wäre die romantische Variante, die Tradition erhält und Neues zulässt, wie man es sich wünscht. Dass dies in der Südsee nicht immer die Wirklichkeit ist, zeigt leider die Selbstmordrate. In der weltweiten Suizidstatistik Jugendlicher lag noch vor zwanzig Jahren West-Samoa an der Spitze.

Auf der Landstraße wollen wir weiter nach Westen, so weit, bis es nicht mehr weiter geht. Denn auf Savaii in West-Samoa, das von Westen her der Datumsgrenze näher ist als jeder andere bewohnte Punkt der Erde endet die Welt.

Als der Abend anbricht, ist die Landschaft einsamer geworden. Auf halber Strecke beziehen wir noch mal Quartier in einem Hotel, das offensichtlich schon bessere Zeiten erlebt hat.

Die Farbe an Wänden und Geländern ist schon vor Jahren abgeblättert. Der karge Saal, in den man zunächst tritt, wird von zwei Neonröhren erhellt. Ähnlich gemütlich hatten wir es bisher allenfalls in Nordkorea. Aber immerhin ist es hier wärmer.

In der Ecke meines Zimmers lehnt eine quietschrosa Plastikblume, die gar nicht erst den Anspruch erhebt, man möge sie für echt halten.

Ich betrete den Balkon, in dessen Sperrholzboden Lücken klaffen, und grüße meine Nachbarn. Ein Australier mit Cowboyhut und

Kugelbauch grillt sich da in der Sonne. Seine Frau ist schon so dunkelrot wie die Frühstückswürste in Amerikanisch-Samoa.

Von der anderen Seite grüßt cool ein tätowierter Stiernacken, den Kopf rasiert bis hoch zur Schädeldecke. Als ich die Tür hinter mir schließen will, sehe ich, dass sie gar keine Klinke hat, sondern nur einen Eisenriegel. Ein wenig fühle ich mich schon wie im Knast.

Am Abend aber entwickelt das Hotel unerwartet Charme. Auf einmal tauchen auch hier wohlgekleidete Serviererinnen auf. Dann spielt sogar eine Band auf zwei Gitarren, dazu ein Zupfbass, bestehend aus einem umgedrehten Plastikeimer, von dessen Boden sich eine Schnur zum Ende eines aufgestützten Schrubberstieles spannt.

Die Combo bringt ihre Gästeschar zum Tanzen, bis der Sperrholzboden schon bedrohlich knarzt.

Tag siebzehn

Nach dem Aufstehen verordne ich mir etwas Bewegung und laufe ein wenig. Die körperliche Anstrengung tut gut. Alle, denen ich begegne, heben ihre Hand zum Gruß, ob Kinder, die aus einem Garten hervorspitzeln, oder Autofahrer hinter ihrer verstaubten Windschutzscheibe. Dann fällt mein Blick auf ein Mädchen mit zerzaustem Haar, das in der Hand eine geschmorte Schweinekeule hält.

Was ist das nun, die Urgesellschaft oder Kommunismus oder eine Diktatur der Häuptlinge?, frage ich mich, während mein Puls vom Laufen pocht.

Unsere Maoisten-Wohngemeinschaften damals an der Uni, die einst kulturrevolutionär die Klotüren aushängten, hier hätten sie ihre Meister finden können, wo es nicht mal Wände gibt, geschweige denn ein Zimmer.

Dann beschließe ich, dass es nur der Morgenwind war, der mich eben umwehte, und nicht der Mantel der Geschichte. Ethnologen haben sich an Samoa schon genug versucht. Die einen studierten hier den Ursprung von Geschlechterrollen. Andere schrieben den Polynesier, im Gegensatz zu den »Kanaken« Papua-Neuguineas, zum »edlen Wilden« hoch.

Die Landstraße, die uns zum »Cape Muli'nu'u« führt, dem äußersten Westzipfel Samoas, geht irgendwann in eine Staubpiste über. Rechtzeitig vor Sonnenuntergang kommen wir an. Ein kleiner Strand, ein Palmenhain, ein paar schwarze Felsenrücken ragen noch weiter draußen aus dem Meer. Hier also endet die Welt.

Ein Fischer zimmert an einem neuen Fale-Dach, das vor ihm auf dem Strand liegt. Hammerschläge nageln die Firstlatte fest. Das erste Fale steht schon fertig daneben auf einem Podest aus weißen Steinen. »Das ist für Besucher, die hierher kommen«, sagt der Mann. Einmal seien schon ein paar Ausländer im Dorf gewesen, die das Land hätten kaufen wollen. Sie seien aber nicht mehr wiedergekommen

Die Frau hätte gegen ein Hotel nichts einzuwenden. Dem Mann dagegen ist die Stelle heilig.

»Wie fühlt man sich, wenn man am Ende der Welt wohnt?«, frage ich. »Wir sind stolz«, sagen sie, »weil das nun mal das Land unserer Familie ist. Und weil es uns berühmt macht.«

Dann färbt sich die Sonne rot und sinkt geradewegs unter den Horizont. Als sie verschwunden ist, hinterlässt sie einen Streifen Abendröte.

Tag achtzehn

Es nieselt. Glück gehabt. Wäre der Himmel schon gestern derart grau gewesen, hätten wir die Sonne nie hinter dem Westkap untergehen sehen. Und schon gar nicht drehen können.

In einer seichten Bucht erwarten uns auf dem Rückweg Fischer, die auf alte Weise ihre Beute fangen. Bevor sie ins Wasser steigen, spannen sie eine Liane von Baum zu Baum und wickeln Palmenzweige so um sie herum, dass die Blattspitzen in alle Richtungen weisen. Zum Kreis verknüpft wird der Lianenring später wie eine große Dornenkrone aussehen.

»Die Fische schwimmen in dem flachen Wasser nicht mehr unter diesem Stachelvorhang hindurch«, sagt einer der Männer. Also versteckten sie sich mehr schlecht als recht im Sand, als sichtbares Ziel für die Harpune.

Als den Fischern der Wasserstand günstig erscheint, schleppen sie das Stachelknäuel vereint zum Strand, wo sie damit angekrochen kommen wie eine grüne Riesenraupe. Danach entrollen sie es wieder und lassen es wie einen Feuerwehrschlauch zu Wasser. Das Team folgt ihnen mit der Unterwasserkamera.

Draußen im Meer weiten die Männer das Ganze dann zum großen Kreis und schlagen darin mit den Harpunen auf die Wasseroberfläche, um die Fische aufzuscheuchen. Mit dem Fang werden sie heute dennoch nicht zufrieden sein.

Der rote Snapper, auf den sie hauptsächlich aus waren, habe sich wohl rechtzeitig verdrückt, klagen sie.

Gefangen haben sie lediglich ein paar schwarz gestreifte Fischlein, die aussehen, als wären sie bereits gegrillt. Morgen wollen die Fischer es nun noch einmal versuchen. So lange hält die Dornenkrone noch.

Tag neunzehn

Wieder Reisetag. Erneut haben wir in Fales übernachtet. Vor dem Aufbruch diktiert mir eine Samoanerin, die eine Hütte weiter wohnt, ihren Mädchennamen Haensell in den Block. Falls ich in

Deutschland Namensvetter von ihr treffe, die mit ihr verwandt sein könnten.

Ihr Großvater sei aus Berlin gewesen. Die neuseeländische Militärverwaltung habe ihn wie alle Deutschen 1918 von der Insel verwiesen. Damals verlor Deutschland mit dem Ersten Weltkrieg all seine Überseebesitztümer. Deutschstämmige Halbsamoaner, sagt die Frau, hätten dagegen bleiben dürfen.

Einen durchreisenden Brandenburger Pfarrer habe sie einmal gebeten, in Berlin und Umland nach Familienangehörigen zu suchen. Der gute Mann sei leider gestorben, bevor er in den deutschen Kirchenbüchern etwas von ihren Ahnen finden konnte.

Die Fähre bringt uns zurück zur Landstraße nach Apia. Wir übernachten in kleinen Gartenhäusern eines Familienhotels nahe dem Flughafen. Das letzte Tageslicht verfremdet die Küste: Der Himmel ist lila, das Meer schimmert hellgrün.

Tag zwanzig

Früh stehen wir auf, um unseren Flug nicht zu verpassen. Zurück bei »Polynesian Airlines« empfängt uns erneut ein Deutschstämmiger. Der onkelhafte Mann könnte auch Pianist in einer Jazzbar sein. Seine Geschwister, sagt er, heißen Trudi, Siegfried, Manfred und Erich. Wir sollen Deutschland von ihm grüßen.

Der Morgen erscheint nach einer Stunde Flugzeit links vorm Fenster. Rechts herrscht noch tiefschwarze Nacht, aus der plötzlich ein Lichtstrahl wächst. Rot legt er sich zunächst sanft auf den Erdschatten, dann weitet er sich Schicht um Schicht, erst feurig orange, dann gelb und weiß, um sich darüber wieder zu verlieren ins Blau und Schwarz der Finsternis.

Ein Tag, der so farbenfroh die Welt erblickt, sollte einiges bereithalten.

Tonga

Luftbrücke zur Bucht der Wale

Vor dem »Dateline Hotel« in der Hauptstadt Fukualofa hatte man uns gewarnt. Es sei ein verkommener Schuppen, hieß es öfter. Der Name allerdings war uns Verpflichtung genug, eine Nacht hier zu verbringen.

Dank chinesischer Geldgeber strahlt ein Teil des Gebäudes immerhin in neuer Farbe. Am anderen Teil wird noch gestrichen.

Die Thunfisch-Sandwiches sind aber offensichtlich von der Renovierung ausgenommen. Die Zubereitung besteht nach wie vor nur darin, die Dose zu entfernen und den Inhalt zwischen zwei Scheiben Toast zu klemmen.

Ich versuche mal wieder die Zeitenwende zu ergründen: Von Montagabend in Samoa kamen wir nun binnen Stunden in den Mittwochmorgen in Tonga. Zurück über die Datumsgrenze, zurück in die Zukunft.

Auf der Fahrt haben wir einen bescheidenen Triumphbogen durchquert, auf dem »Willkommen im Land, in dem die Zeit beginnt« stand. Für die Ankommenden ist genau das nun ein Problem. Sobald sie in den Eincheckformularen ihr Ankunftsdatum eintragen sollen, schauen sie nur noch verlegen um sich. Die fünf Uhren, die die aktuelle Zeit in Tonga, Tokio, Peking, London und New York anzeigen, verwirren sie noch mehr. Das Personal hilft aber immer wieder gern.

Eine Rundfahrt in der Stadt führt uns zum hölzernen Königspalast. Mit seinen Türmchen und kleinen Bögen steht er da wie eine in die Jahre gekommene Sommerresidenz. An der Uferstraße, die ein paar

schlichte Bogenlampen überragen, um sie als Promenade zu be-
leuchten, erklärt ein mannshoher Gedenkstein deren Geschichte.

Am Abend des 27. Juni 1978, pünktlich um 19 Uhr, hat hier seine
Königliche Hoheit, Kronprinz Tupouto'a Tuku'aho, dieses »moderne Beleuchtungsprojekt« seiner Bestimmung übergeben, heißt es,
zu Ehren seiner Majestät, König Taufa'ahau Tupou des Vierten, fi-
nanziert von der Regierung Tongas.

Wo die Monarchie die Untertanen so im Lichterkegel der Moderne wärmt, sieht man dem Thronfolger womöglich nach, dass er gerade die »Royal Tongan Airlines« durch Misswirtschaft in den Ruin
geflogen hat. Sie landete bei umgerechnet sechs Millionen Euro
Schulden.

In unserer Routenplanung hatte das zunächst eine bedrohliche
Lücke gerissen, da es ansonsten keine Fluglinie gab, die uns an unser Ziel im Norden Tongas hätte bringen können. Der nächste
Schachzug des Prinzen sollte dann aber auch uns gefallen, weit
mehr noch als die Bogenlampen.

Er schaffte aus Neuseeland zwei alte Propellermaschinen des
Typs DC3 herbei, die man in Berlin noch als »Rosinenbomber«
kennt, weil sie zu Beginn der Luftbrücken-Zeit als Transportflug-
zeuge dienten. Kurz darauf wurden sie mit zwei weiteren Motoren
verstärkt und fortan DC4 genannt.

Ich sah jene Flugzeuge öfter in Archivbildern des Senders Freies
Berlin, für den ich als Reporter meine ersten Fernsehberichte pro-
duzierte. Die Bilder passten gut als Bonbon in Auftaktberichte
von den Berliner Filmfestspielen. Da stiegen dann die frühen Stars
aus Hollywood die kurze Gangway herab zum Tempelhofer Flughafen.

Nun also werden wir erfahren, ob Rita Hayworth, Gene Kelly und
Gary Cooper auch bequem gesessen haben. Mit dem Heck auf dem
kleinen Schwanzrad stehend ragt der Oldtimer vorn schräg nach

oben. Die dicken Reifen unter den Flügeln wirken schlecht aufgepumpt, als müssten sie beim Federn helfen.

Sie ist ein gutes Mädchen«, sagt der Copilot, als er noch einmal über die Nietnähte der Silberbleche wischt. Zwei 14-Zylinder-Doppelsternmotoren mit je 1200 Pferdestärken, Jungfernflug Juni 1935, Santa Monica. Alle Daten hat er parat.

Drinnen geht man nicht zwischen den Reihen hin und her, man steigt hinauf oder hinab. Die Stars haben bequem gesessen. So breite Sitze hatten wir auf unserer Reise bisher nicht. Dann wirft der Pilot nacheinander die Motoren an, knutt-knutt-knutternd wie eine alte Horex.

In der Luft ist sie später erstaunlich leise. Sanft schweben wir bald über Inselchen. Wie Spiegeleier schwimmen sie auf dem Meer, der Dotter palmengrün, der Rand aus Sand, die Formen immer ähnlich, aber nie gleich.

Dann verbinden sie sich zu Landzungen, Buchten und Lagunen, Klippen ragen auf, Hochebenen schließen sich an, Palmenwälder, ein paar Häuser, am Horizont zwei Yachten als kleine weiße Dreiecke. Die Inselgruppe Vavau, unter Seglern geschätzt, liegt wie ein Gemälde unter uns.

Hier werden wir die Buckelwale wieder treffen, denn zwischen diesen Inseln kommen sie nach ihrer langen Reise an, um geschützt vor Haien und Orkas ihren Nachwuchs aufzuziehen.

Plumpsend setzt unser Rosinenbomber auf der Landepiste auf, rollt noch ein wenig in der Waagerechten, dann kippt er wieder in die Ausgangsneigung.

»Empfinden Ihre Kollegen eher Mitleid oder eher Neid, wenn sie Sie in Ihrem Oldtimer vorbeifliegen sehen?«, frage ich Keith Mitchell, einen erfahrenen Piloten, als er aussteigt.

Er vermutet eher Neid. »Es ist einfach großartig, einen solchen Klassiker zu fliegen«, sagt er. Alle einhundert Flugstunden werde die Maschine komplett überholt, alle 1.300 Stunden würden die Motoren ausgetauscht. »Der Flieger hat also schon vierzig bis fünfzig Motorenwechsel erlebt. Alles kein Problem. Der ist für die Ewigkeit gebaut.« Er halte seine Maschine insgesamt sogar für sicherer als eine neue.

Der Ort, in dem wir ein paar Tage bleiben werden, heißt Leiafa, das Hotel »Puataukanave«. Speisekarten lesen sich nicht leichter. »Kapakauii Pipi« steht für Hähnchen-Flügel, gegrillte Truthahnschwänze heißen auf Tonganisch »Muii Pipi«.

Die Geschäfte in der kurzen Hauptstraße, mit Vordach über dem Laufsteig wie in einem Western, zeugen von Umbruch: der Machetenladen neben dem »Friendly Islands Bookshop«, ein Stapel Autoreifen Tür an Tür mit »Angela's Handicraft«. Eine erste Zählung ergibt zwei Internetcafés, drei Banken und vier Kirchen.

Das, worauf man in dieser Boomtown hofft, ist der Sog der Wale. Die ersten Bootsbetreiber, die nun um Kunden werben, heißen »Whale Song«, »Whaleswim Adventures« und »Whales in the Wild«. Eine Goldgrube wird daraus so schnell aber nicht werden, sagen die Anbieter. Die königlichen Beamten machten jedem Geschäftsmann hier das Leben schwer.

Im Radio hören wir den passenden Bericht dazu: Nach der Pleite der »Royal Tongan Airlines« bietet neben der neuen Firma des Kronprinzen auch eine von Piloten betriebene private Linie Flüge an. Nun meldet das Königshaus, dass es Wettbewerb im Luftraum nicht gestatten werde. Auf Dauer werde es nur eine Fluglizenz erteilen.

So wird Tongas Monarchie seit Langem in der Region immer wieder ihrem Ruf gerecht, die Steuergelder ihrer Untertanen selbstherrlich zu verbraten, ohne der Presse und dem Parlament Kontrollen zu gewähren.

Zwar war Tonga als einziges Südseeland nie Kolonie. Es konnte deswegen aber auch nie in eine Demokratie entlassen werden. Nur neun Parlamentarier werden vom Volk gewählt, neun weitere stellt der Adel, zwölf benennt das Königshaus auf Lebenszeit.

Die Regierungsgeschäfte führt zum Zeitpunkt unserer Reise der zweite Sohn des Königs und entlässt wegen der Airline-Pleite gleich sein halbes Kabinett.

Tag einundzwanzig

Es ist bereits Abend, als ich an meinem Zimmertisch die Notizen des zurückliegenden Tages abschreibe. Unaufhörlich scheint dabei der Boden unter mir zu schwanken, denn wir waren acht Stunden lang mit einem Boot auf See.

Nach diesem Tag aber nehme ich alles zurück, was ich zuletzt über Wale schrieb. Nein, sie sind nicht klobig, unförmig und träge wie ein U-Boot. Sie sind erhaben, urtümlich und klug.

Mit Sione, unserem Skipper auf dem überdachten Holzboot namens »Philia«, das wir für den Dreh gemietet haben, sind wir am Morgen in die Bucht hinausgefahren. Von da an gilt es, die Augen offen zu halten für jene Sprühwölkchen über dem Meer, die man meist als Erstes sieht, wenn Wale an der Wasseroberfläche atmen.

Schon früh sichten wir einen, der am Rand der Bucht herumdümpelt. »Etwa ein Jahr alt, sieben Meter lang«, sagt unsere Expertin Rae, die wir mit an Bord haben, nach einer Weile. Rae kommt aus Neuseeland und verbringt hier jedes Jahr die Walsaison.

Die größten Buckelwale kommen auf fünfzehn Meter Länge und wiegen bis zu vierzig Tonnen. Ein Schluck Wasser umfasst für sie mehrere Hundert Liter. Im August etwa erreichen sie Vavau. Als Erste schwimmen später die Walbullen zurück. Die Kühe harren mit den Kälbern aus, die sie noch monatelang stillen.

»Erst wenn deren Fettschicht dick genug ist«, sagt Rae, »können sie in der Kälte der Antarktis später überleben.«

Wir bestücken uns mit Flossen, Taucherbrille, Schnorchel, Kamera. Die Besprechung haben wir schon hinter uns. Wir sollen uns dem Wal nur von der Seite nähern, damit sein Auge uns gleich sehen kann, nicht tauchen und nicht mit den Flossen plantschen, stattdessen die Beine wie beim Fahrradfahren bewegen. Und den Wal nicht anfassen.

Langsam gleiten wir ins Wasser und nähern uns dem Riesen. Die Unterwassersicht ist gut. Unglaublich, wie nah er uns herankommen lässt. Wir sehen seine graue Haut, von Schrammen zerfurcht und mit Muscheln und Schalenkrebsen bestückt, als habe er die Pocken. An Kopf und Flossenspitzen ist er zudem übersät von Hautknubbeln, die für Buckelwale typisch sind.

Dann kreist er um uns herum, um uns zu mustern. Das Maul zieht vorüber, die kurvige Kiefernlinie, dann das Auge, das uns fixiert. Fast glauben wir, er wolle uns gleich zublinzeln. Was er wohl denkt, frage ich mich. Putzige Menschlein? Atmen Luft durch Röhrchen?

Eine Runde, dann noch eine, dann dreht er sich um die Längsachse. Der weiße Bauch wird sichtbar, die parallelen Hautfalten. Die langen Brustflossen, länger als bei jedem anderen Wal, angewinkelt wie gerupfte Flügel, berühren uns ein paar Mal fast. Im letzten Moment machen sie immer einen sanften Bogen, knapp an uns vorbei. Dann dreht er langsam ab und verschwindet in die Tiefe.

Ihr habt ja ein Glück«, sagen Rae und Sione, als wir wieder im Boot sind. Es schien, als habe uns der Wal genauso aufmerksam betrachtet wie wir ihn. »Manchmal kommen sie sogar ans Boot und schwimmen hinterher«, sagt Sione. »Oder klatschen mit den Flossen auf das Wasser, als wollten sie, dass wir mit ihnen spielen.«

Unter Whalewatchern gelten Buckelwale wegen ihrer Spielfreude als die Clowns der Meere. Warum sie solche Kunststücke aufführen, ist nicht ergründet.

Mal heißt es, es sei tatsächlich Verspieltheit, andere halten es für den Versuch, die Parasiten loszuwerden, die sich an die Walhaut klammern. Da das Klatschen unter Wasser weit zu hören ist, könne es aber auch eine Methode sein, sich untereinander zu verständigen.

Den Tag über sehen wir noch weitere Wale, mal eine Kuh mit einem Jungen, mal ganze Familien. Mal ruhend, mal kraftvoll ihrer Wege ziehend. Aber keiner will sich mehr mit uns abgeben. Alle ziehen sie weiter oder tauchen ab. Erst gegen Abend haben wir noch einmal Glück.

Nah an den Felsen hat Sione einen recht kleinen Wal entdeckt. Rae glaubt an ein Kalb, das auf dem Rücken seiner Mutter liegt. Vorsichtig schwimmen wir heran. Das Wasser ist nunmehr tiefblau. Zunächst sehen wir nur das Kalb und bleiben auf Distanz.

Dann zeichnet sich darunter undeutlich ein Schatten ab, so groß, dass wir fast zittern. Schließlich drehen wir ab und schwimmen zurück. »Keine Sorge, wenn die wollen, reicht ein Flossenschlag, und sie sind weg«, beruhigt uns Sione. »Sie bleiben nur, wenn sie tatsächlich bleiben möchten.«

Tag zweiundzwanzig

Die Sicht bleibt gut, das Wetter hält. Wieder ist es gleich der erste Wal, der uns überrascht. Nur eine Körperlänge vom Boot entfernt, legt er sich rücklings auf das Wasser und klatscht mit einer Flosse auf die Oberfläche. Dann wankt er dazu noch mit dem Kopf.

Die Atemlöcher schnauben hörbar, röhren wie die Dinosaurier in *Jurassic Park.* Es scheint, als wollten sie davonschwimmen, doch bald verharren zwei in unserer Nähe. Als wir im Wasser sind, schrammt einer der Riesen plötzlich zwischen Kamera und Bordwand durch. Aber auch diesmal wird niemand auch nur von einem Flossenschlag berührt.

Zuerst verlieren wir sie wieder aus den Augen. Doch dann taucht direkt vor uns eine weiße Fläche aus der Tiefe hoch. Langsam schiebt sich so das Maul nach oben, bis es halb aus dem Wasser ragt. Dann hält der Riese still, dreht sich, bis er uns mit einem Auge ansieht, als wolle er uns endgültig klarmachen, wie sehr er uns an Größe überragt. Wir staunen wie die Kinder vor ihrem ersten Weihnachtsbaum.

Solange sich die Zahl der Mitschwimmer in Grenzen hält, gilt unter Tongas Naturschützern diese Art des Whalewatching als unbedenklich. Die Bootsbetreiber, die dafür eigene Lizenzen brauchen, haben sich darauf verständigt, dass sich nur jeweils ein Boot einem Tier annähert. So soll gewährleistet bleiben, dass auch spielfreudige Wale öfter ihre Ruhe haben.

Als wir Rae und Sione fragen, ob Wale eigentlich schlafen, sind sie sich nicht einig. Man wisse nichts darüber, sagt Rae. Sione erzählt jedoch von einem Skipper, der nachts auf seinem Boot bemerkt habe, wie eine Walkuh reglos an der Bordwand ruhte. Tatsächlich ist die Frage kaum erforscht. Lediglich von Delfinen weiß man, dass ihre Gehirnhälften nur abwechselnd einschlafen.

Tag dreiundzwanzig

Die Zeitungen, die Tongas König zulässt, sind denkbar loyal. Die letzte unabhängige Redaktion hat er vor Kurzem schließen lassen. Das Blatt allerdings, das im Hotel ausliegt, ist weniger gefährdet, nicht nur weil es außerhalb des Königreichs erscheint: Die »New

Zealand Fishing News« bestehen überwiegend aus jenen schlechten Fotos, die stolze Angler neben ihrer Beute zeigen.

Ziel ist es offenbar, einen Fisch zu fangen, der mindestens so groß ist wie man selber. Im Text ist dennoch nur das Gewicht des Fisches angegeben, daneben Datum, Fangstelle und Art des Köders. Auf weiteren Seiten werben dann Anzeigen für alles, was der Angler braucht, vom Haken bis zum Außenborder.

Wir treffen Sione, um zu seinem Dorf zu fahren. Vom Boot aus haben wir die Häuser schon ein paar Mal sehen können, dazu ein wenig Strand, Fußwege, aber keine Straße. Nun möchte er uns zeigen, wo er wohnt.

Vom Land her nähern wir uns mit dem Wagen. Als der Hang zu steil wird, müssen wir ausladen und alles, was wir zum Drehen brauchen, durch die Hitze schleppen. Schweiß läuft mir in den Kragen. Seit drei Tagen trage ich wieder mal dasselbe Hemd, damit im Film später die Übergänge stimmen. Ich nehme mir vor, für die nächste Reise Hemden immer gleich als Dreifachset zu kaufen.

Siones Haus wird wie ein Campingzelt von Seilen am Boden festgehalten. An jeder Seite spannen sie sich im Abstand von zwei Metern vom Dach zum Boden, befestigt an in die Erde getriebenen Eisenstücken und zusätzlich beschwert von alten Autobatterien. »Das hilft, wenn der Zyklon kommt«, sagt er.

Im Haus, das nur zwei Räume hat und eine Kochstelle im Freien, stellt er uns seine Schwester vor. Sie hockt am Boden und schnitzt mit der Machete aus einer Baumfrucht Glieder für eine bunte Halskette. Morgen sei Zeugnisvergabe in der Schule, sagt sie. Der Schmuck werde eine Belohnung für die Kinder sein.

Sione teilt sich dieses Haus, das sein Vater einst gebaut hat, mit zwei Schwestern und drei Kindern seines Bruders. Nachts schlafen hier alle auf dem Boden. Der Bruder, sagt er, sei Lehrer in der Hauptstadt, die Kinder gingen lieber hier zur Schule. Eine Schwester verkaufe Handarbeiten auf dem Markt, die andere verdiene etwas in einer Wäscherei dazu.

Sione ist schon über vierzig, seine Schwester Mitte dreißig. Wie die Wale einander hier begegnen, hätten wir ja nun gesehen, hole ich aus, als die Kamera läuft. »Wie schwer ist es denn hier im Dorf, jemanden zum Heiraten zu finden?«, frage ich Sione. »Nicht schwer«, sagt er da, was ich ihm nicht so ganz abnehme. Er wirkt zwar nicht verlegen, lässt sich auf Nachfragen aber nicht ein. Ich habe den Eindruck, ich sollte das Thema wechseln. Also reden wir über Berufe.

Ob etwas anders wäre, wenn er auf der Kokosplantage sein Geld verdienen würde, frage ich. »Nicht unbedingt«, sagt er, »aber bis zur Ernte musst du dort lange arbeiten und alles auf dem Markt verkaufen, bevor du endlich Geld bekommst. Als Skipper habe ich jede Woche Zahltag.«

Dass auch aus Tonga junge Leute abwandern, die nicht im Kreise der Geschwister altern wollen, versuchte die Monarchie lange durch ein recht großzügiges Gesetz zu verhindern, zumindest was die jungen Männer angeht. Noch immer steht nach der Verfassung jedem Tonganer vom sechzehnten Lebensjahr an ein Stück Land zum Bepflanzen und eine Wohnfläche in seinem Dorf zu, um eine Familie zu ernähren.

Seit Jahren aber kann die Regierung dieses Versprechen nicht mehr einlösen, weil ihr dafür Land und Geld fehlen. So ziehen auch aus dem Königreich die Aussiedler davon.

Tag vierundzwanzig

Einmal noch bringt uns die »Philia« aus dem Hafen, weil wir uns außerhalb der Bucht umsehen wollen. Wir hoffen, noch einen Wal beim Sprung drehen zu können. Vereinzelt haben wir zwar schon welche gesehen, für die Kamera aber waren sie entweder zu unberechenbar oder zu weit entfernt.

Unterwegs entdecken wir einmal gleich mehrere Wale und packen deshalb ein Unterwassermikrofon des Bootsverleihers aus, das wir am Kabel in die Tiefe lassen.

Im Kopfhörer knistert es zunächst wie eine zerkratzte Platte auf dem Grammophon. Doch dann verdichten sich die Töne zu einer etwas schiefen Melodie, die mal wie ein Orchester klingt, das gerade seine Geigen stimmt, mal wie das Heulen junger Wölfe.

»Es sind die Männer, die singen«, sagt unsere Fachfrau. »Sie singen Liebeslieder für die Frauen.« Eine Studie habe festgestellt, dass sich die Melodien ändern. »Aber die gleichen, die man in der Antarktis aufgenommen hatte, hörte man ein Jahr später hier.«

In einer Bucht, die »Blue Lagoon« heißt, gehen wir vor Anker, um unsere Lunchpakete auszupacken. Vor uns das Südseeklischee pur: sanft wogende Palmen, türkisblaues Meer, weißer Sand, ein Fischerboot. Das Wasser ist so klar wie Glas und auf dem Grund wieder der weiße Sand zu sehen.

Schön ist das. Nur schön. Endlos lang möchte ich dieses Bild betrachten. Und doch lebt seine Schönheit von dem Wissen, dass wir weiterreisen. Malte ich mir ernsthaft aus zu bleiben, schon würde es bedrohlich, würde die Idylle zum Gefängnis. Nur wer sich rechtzeitig wieder davonmacht, scheint es, hält seinen kleinen Traum in Ehren.

Während meiner Asien-Jahre dachte ich das oft. Stets jagten wir Ereignissen, Bildern und Geschichten nach. Immer in Bewegung, mobil wie in der Werbung. Nichts war unmöglich.

Aber sobald die Berichte nach Deutschland überspielt waren, zog es uns zu jenen Orten und Menschen, die das Gegenteil verkörperten, die Beständigkeit: die Wirtin in der Kneipe in Taipeh, die uns alle mit Namen kannte, der Bluesgitarrist in Seoul, der »I shot the sheriff« besser spielt als Eric Clapton selbst, das spanische Lokal in Metro-Manila, wo es die guten Shrimps gibt, der Yakitori-Grillmeister in Tokio, der Jahr um Jahr im Rauch steht.

Nie wollten wir sie missen. Aber nie hätten wir getauscht. Als die erste dieser Kneipen dichtmachte, verstand ich fast die Welt nicht mehr. Als sei es untersagt, dass andere sich auch bewegen.

Die Zeit drängt, Sione lichtet den Anker. Jenseits der Bucht macht er bald eine Gruppe Wale aus, die auffällig am Horizont kreuzt. Vielleicht sind sie ja guter Laune. Wir kämpfen uns heran, verfolgen sie, warten, versuchen es noch einmal und geben schließlich auf.

Ein wenig enttäuscht sind wir nun doch, denn unsere Zeit läuft ab. Aber als wir wieder in der Bucht ankommen, werden wir entschädigt. Noch einmal ist es eine Walkuh, die dort recht ruhig verharrt, mit einem Jungen, das erst ein paar Tage alt sein kann.

Als die Sonne schon ein glitzerndes Dreieck auf das Wasser wirft, durchbricht der Kleine direkt vor unserer Kamera plötzlich die Oberfläche, wie ein zu groß geratener Hering, ein noch etwas tollpatschiger junger Delfin – ganz so, als wolle er uns zeigen, dass er es auch schon kann. Vielleicht die ersten Hüpfer seines Lebens.

Tag fünfundzwanzig

Der alte Mann, der uns auf der Café-Veranda gegenübersitzt, hat feuchte Augen. Fast neunzig Jahre ist er alt. Begleitet von einem Freund ist er auf Krücken hergekommen. Wir haben uns mit ihm verabredet, weil er die Geschichte dieses Ortes kennt. Seinen Namen schreibt er selbst auf meinen Block: Siaosi Moengangongo Kupu.

In den späten Fünfzigerjahren sei er zum ersten Mal mit anderen hinausgefahren, zehn Mann in einem Boot, schildert er gestenreich. Sie hätten gewusst, dass ihre Beute weitaus größer sein würde als jede andere zuvor, denn sie hatten sich vorgenommen, einen Wal zu jagen.

»Es hieß damals, dass nur der Harpunist den Wal ansehen dürfe. Den anderen würde er nur Angst machen«, erzählt er. »Natürlich hielten wir uns nicht daran. Und natürlich hatten wir alle Angst.«

Die Geschichte erinnert an Hemingways *Der alte Mann und das Meer*. Nach mühseligem Kampf mithilfe von Harpunen, Seilen und vereinter Körperkraft, schleppten die Männer den erlegten Wal zu dem kleinen Hafen.

»Einer hatte zuvor noch schwimmend dem Tier das Maul zunähen müssen«, sagt er, »damit kein Wasser mehr in seinen Bauch lief.«

Der Walfang, der in Tongas Gewässern über zwanzig Jahre anhielt, habe sich für die einheimischen Fischer nie wirklich gelohnt, erzählt der Alte. Die Leute hätten das Fleisch nicht gemocht, deshalb hätten die Walfänger es für wenig Geld verkaufen müssen. Nur einen Schilling habe man für einen Korb Walfleisch bekommen. Nach und nach hätten sich die Männer wieder den Fischen zugewandt, die sie zuvor gefangen hatten, oder eine Arbeit auf der Plantage angenommen.

Ich frage ihn nach seiner Familie. »Ich habe nur vier Kinder«, sagt er da fast beschämt. Für Tonga sei das nicht gerade viel. Ein Sohn arbeite heute bei der Bank, ein anderer im Krankenhaus, der dritte sei Skipper bei einer neuen Firma, die Yachten vermiete. Die Tochter lebe verheiratet in Australien.

Wie er den Wandel hier empfunden habe, vom glücklosen Walfangnest zum aufstrebenden Touristenziel, frage ich.

»Ich habe den Walfang gerne aufgegeben«, sagt er. »Und so bringen sie dem Ort ja auch mehr Geld ein.«

Tag sechsundzwanzig

In einem der Internetcafés lese ich meine eingegangenen Nachrichten. Eine davon ist alarmierend. Auch »Air Marshall Islands« hat nun eine Flugverbindung eingestellt, ausgerechnet jene, die wir zwischen Kiribati und den Marshalls vorgesehen haben.

Am Telefon gehe ich mit unserem Buchungsbüro in Auckland die Alternativroute durch. »Air Nauru« hat die Verbindung übernommen, fliegt aber an anderen Tagen. Wir müssen deshalb auf zwei Inseln länger bleiben als geplant, verlieren dafür zwei Tage auf Hawaii. Dort kommen wir nun morgens um halb drei Uhr an, um drei Stunden später zu einem Tagesdreh nach Kauai und Niihau aufzubrechen, der entlegensten der großen Inseln dort.

Vor solchen Pannen hatten uns Fachleute gewarnt. In Neuseeland sprachen sie bisweilen von »Mickey Mouse Airlines«, die chronisch unterfinanziert und wenig zuverlässig seien. Immerhin ist unsere Verbindung auf dem Papier nun wieder durchgängig gesichert.

Am Flughafen Vavaus tragen die Einsteigenden fast alle Schwarz. Darüber, von Stricken oder Gürteln gehalten, haben sie Flechtmatten umgebunden, größere und kleinere, mit schlichtem oder aufwendigem Muster. Manche Besitzer wirken darin wie flüchtig für einen Umzug eingepackt. Es ist die Kleidung für besondere Anlässe auf Tonga, vom Amtsbesuch bis zur Beerdigung.

Als wir abfliegen, ziehen nicht nur die Spiegeleier-Inseln noch einmal an uns vorbei, sondern auch ein paar der Bilder, die wir im Geiste und auf Band mitnehmen. Der aufrecht stehende Wal, der tollpatschige Kleine, die blaue Lagune, Siones angeseiltes Haus, die Hochebene.

Als unter uns ein auffälliger Berg erscheint, der aussieht wie ein flacher Hut, fällt mir wieder ein, was uns die Fischer über ihn erzählt haben. Eines Nachts seien die bösen Inselnachbarn aus Samoa herüber nach Tonga gekommen, um von dem Berg die Spitze zu rauben. Da diese auf der Flucht aber zu schwer geworden sei, hätten die Räuber sie fallen lassen, mitten in die Bucht.

Die Fischer zeigten dann auf einen kleinen Hügel, der etwas weiter aus dem Wasser ragt und tatsächlich aussieht, als würde er dem Hutberg oben fehlen.

Fidschi: Denarau

Kein Bula im Zwei-Völker-Staat

Das Wort steigt aus ihrem Mund wie eine Luftblase aus einem Fischmaul. Zwei Silben, die hier Gruß sind und Programm: »Bula«.

Wörtlich lässt sich »Bula« kaum übersetzen. Aber seine Bedeutung ist unstrittig: Immer mit der Ruhe, immer friedlich, keine Hektik! Die Langsamkeit mag in der ganzen Südsee den Lebensstil kennzeichnen. Nirgends aber wird sie so zelebriert wie hier.

Auf einer Mini-Insel vor der Küste, zu der uns Fischer hinausfuhren, haben wir vor Jahren ein Ehepaar besucht, das dort täglich für ein paar Stunden Badegäste betreut. Boote bringen sie am Vormittag vorbei und sammeln sie später wieder ein. Den Rest der Zeit verbringt das Paar allein.

»Sie können die Insel zu Fuß am Strand umrunden«, sagte der freundliche Inselwächter, »es dauert nur fünf Minuten.« Dann fügte er hinzu: »Nach Fidschi-Zeit zehn Minuten, Sir.«

Beim Eintreten in den Terminal dringt das erste »Bula« an mein Ohr. Schon laufe ich entspannter. Es wirkt wie eine Zauberformel. Unser Etappenziel ist eigentlich die Insel Wallis, ein von Paris verwaltetes Überseeterritorium Frankreichs. Doch um dorthin zu gelangen, müssen wir über Nadi fliegen, den größten Flughafen der Fidschis. Wieder nur ein kurzer Zwischenstopp also, nur eine Nacht werden wir bleiben, an einem Ort aber, der mir aus Drehreisen vertraut ist. Wozu auch immer wir hier Berichte produzierten, fast alles lief am Ende auf den Konflikt zwischen den Volksgruppen hinaus, die sich die Fidschis teilen.

Bei der Landung hatte der Pilot Mühe, im Wind den Flieger sicher aufzusetzen. »Ein grauer Regentag«, notiere ich noch in der Abflughalle. Dann bringt uns ein Taxifahrer zur nahen Halbinsel Denarau. Ich frage ihn, wie das Geschäft läuft. Nach kurzem Zögern zieht er mit zwei Fingern seine Unterlippe tief herunter, bis ich eine Zahnlücke erkenne und eine vernähte Narbe. »Sehen Sie sich das an, Sir«, sagt er. »Das war letzte Weihnachten, ich lag in meinem eigenen Blut. Die haben mich fast umgebracht.«

Die, das sind die kräftiger gebauten ethnischen Fidschianer, die hier die Hälfte der Bevölkerung ausmachen. Die andere Hälfte, der auch unser Fahrer angehört, stammt von den Indern ab.

Von den Briten wurden sie einst hierher verschleppt, als Zwangsarbeiter für die Zuckerfelder. Später gab man ihnen Land, aber nur auf Zeit. Die Pachtverträge liefen einhundert Jahre. Die sind nun um.

Viele der Inder arbeiteten sich hoch, trieben Gewerbe, gewannen Einfluss, auch im Parlament. Allein der Staatspräsident muss laut Verfassung noch fidschianischer Herkunft sein. Premierminister kann aber jeder werden. Konservativen Fidschianern ist dieser Wandel bisweilen einen Putsch wert. In der jüngeren Geschichte gab es hier denn auch mehr Putsche als indischstämmige Premiers.

Als ich zuletzt hier war, arbeitete die Hotelbelegschaft kurz, weil viele Gäste ihre Zimmer storniert hatten. Zuvor hatte ein windiger Geschäftsmann namens George Speight, der nun im Zuchthaus sitzt, Schlagzeilen in der Region gemacht, weil er mit Parlamentariern als Geiseln die Verfassung ändern wollte. Dass fidschianische Häuptlinge die Hintermänner waren, war jedem klar.

Die Jungs, die Taxifahrer überfallen, brauchen Geld, weil sie teure Geschenke kaufen wollen. Vor Weihnachten sind sie pleite«, sagt der Fahrer. Deshalb kämen sie auf solche Ideen. »Sie sind nicht alle so, aber wenn eine Kartoffel faul ist, dann ist es bald der ganze Korb.«

Schon mehrere seiner Kollegen seien bei Überfällen umgekommen. »Die setzen sich immer auf den Sitz hinter den Fahrer, dann würgen sie ihn mit dem Gurt. Deshalb schnalle ich mich nicht mehr an.«

Kein Frieden also im Bula-Land, noch immer nicht.

»Aber wir sind glücklich hier, trotzdem«, sagt der Fahrer, als er den Wagen stoppt. »Wir sind hier geboren, wo sollen wir sonst hingehen?« Sie könnten rechnen, sie könnten planen, sie könnten sich etwas erwirtschaften. »Die Fidschianer merken erst beim Kochen, dass sie gar kein Salz haben«, sagt er.

Auf der Strecke weicht der Fahrer umgestürzten Bäumen aus. Der Wind hat hier als Sturm getobt. Als wir zum Hotel abbiegen, ist der Fahrweg mit Palmwedeln übersät.

Der Abend ist angebrochen. Am Hotelstrand brennen Fackeln.

Der Sand ist dunkel von der Nässe. Keiner ist mehr draußen. Die weißen Liegestühle wirken wie einseitig verputzt.

Tag siebenundzwanzig

Vor Jahren habe ich in einem dieser Zimmer einmal ein Telefon zertrümmert. Das Team war schon am Flughafen, ich wartete auf einen Handwerker, der meinen Tresor aufbrechen sollte. Die Schließautomatik erkannte mein Geburtsdatum nicht mehr. Als ich die Rezeption alarmierte, brach beim Durchstellen dreimal die Leitung weg. »Bula« konnte ich da nicht mehr ertragen.

Ich schaffte es gerade noch ins Flugzeug. Irgendwann war der Techniker gekommen. Gezielt setzte er den Bohrer auf die Stahltür. Ein kleines Loch im Zahlenfeld, durch das er einen Draht schob, um die Tür zu öffnen. Mit Brieftasche und Ticket hetzte ich dann los.

Für alle, die mal in der gleichen Not sein sollten: Die Bohrstelle bei Geheimcode-Safes liegt offenbar genau unter der Sterntaste.

Morgensonne hat den Sand getrocknet. Die Liegen strahlen wieder weiß. Hinter Bungalowfenstern heben sich Jalousien. Den Weg zum Frühstückstisch gehe ich am Meer entlang, das jetzt wie ausgeruht erscheint. Wenn man es nur lang genug betrachtet, bekommt es immer etwas Seltsames. Wellen, die nie aufhören anzukommen. Wie überhaupt kann etwas flüssig sein?

Ich war Mitte zwanzig, als ich mit meinem Vater, einem überzeugten Binnenländer, dem Wald und Berge lange näher waren als die Küste, an die Ostsee fuhr. Seine Entdeckeraugen, als wir über die Dünen stiegen, werde ich nie vergessen. »Das Meer«, sagt er nur. Es war einer der schönsten Momente meines Lebens.

Für Binnenländer, die gewohnt sind, dass sich hinter Grenzen ein Nachbarland anschließt, ist die Küste das Ende der Welt. Wo das Meer anfängt, endet das Vertraute. Dort draußen, wo sich die Wellen endlos neu erfinden, dort regiert die Ewigkeit.

Wie faszinierend fremd müssen erst Inseln sein, die inmitten dieses weiten Meeres liegen. Vielleicht ist es das, was uns am landleeren Pazifik so verlockt: die Distanz zu allem, was vertraut ist.

Wie sollte sich auch unser Alltag mit dem von Südseeinsulanern decken? In den Weltnachrichten, die uns jeden Sturm in Florida vorführen, kommt nicht vor, dass Niue auf Dachlatten wartet, Pukapuka eine Ölkrise erleidet, Samoa einen Braindrain und die Fidschis eine Horde Taximörder.

Für Gebietskorrespondenten ist das ein Problem, für Fernwehpatienten ideal: Wer hier angekommen ist, ist – endlich – aus der Welt.

Wissen Sie etwas über Wallis?«, frage ich beim Auschecken die Rezeptionistin. Über jene Insel, vor der die Datumsgrenze einen leichten Knick macht, gab es im Internet nur ein paar spröde Daten.

Die Frau verneint wie alle anderen, die ich schon fragte. Wallis sei halt etwas abgelegen. Mehr wisse sie auch nicht.

Wallis und Futuna

Des Königs pralle Schweine

An Bord des Flugzeugs, das aus Neukaledonien kommt und in Nadi nur Zusteiger aufgenommen hat, frage ich einen Sitznachbarn, was er auf Wallis schön finde. »Die Tänze«, sagt er. Wann man die dort am besten sehen könne, frage ich. »Morgen«, sagt er. »Da bringen die Dorfbewohner die Geschenke für den König.«

Als Reporterschwein gilt in meiner Branche nicht, wie man vermuten könnte, wer skrupellos und unlauter berichtet. Wir bezeichnen damit eher Drehgelegenheiten, die einem der Himmel schenkt. Auf Wallis werden wir zudem im Wortsinne Schwein haben: Denn unter all den Gaben, die man dort dem König macht, genießt das Schwein den besten Ruf.

Zunächst aber fällt uns die Flughafengendarmerie auf, die Frankreichs Regierung unterstellt ist. Die Polizisten tragen so kurze Hosen wie die deutsche Fußball-Nationalelf im Jahr 1974. Die ersten Beamten, an denen wir vorbeigehen, muss Paris zudem erst kürzlich herbeordert haben, so bleich sind ihre Beine. Neben ihren einheimischen Kollegen muten sie nun an, als steckten sie in hellen Strumpfhosen.

In der Menge der Wartenden stellt sich ein Mann mit Goldkette als Autoverleiher vor. Taxen gibt es auf Wallis nicht. Ein alter Dodge mit Ladefläche bringt unser Equipment ins Quartier. Einen lädierten Peugeot behalten wir für Fahrten auf der Insel.

Drei bescheidene Unterkünfte gibt es auf Wallis, eine davon ist das Hotel »Lomipeau«. Drinnen ist es netter, als es von außen scheint. Es gibt Café au lait, mediterran anmutende Bogenfenster, wieder mal eine Terrasse überm Meer und sogar einen Pool.

Touristen kommen nicht nach Wallis. Die Gäste, die mit uns eingetroffen sind, sind durchweg Einzelreisende in Diensten der Regierung, der Handelskammer oder ihrer Firma.

Nur zwei Männer in Khaki-Uniform und hoher, steifer Schirmmütze sind von der französischen Marine. Weil heute Samstag und dienstfrei ist, sehen wir sie bald in Polohemden aus den Zimmern kommen.

Als die Chefin des Hotels von unserem Wunsch erfährt, am nächsten Tag die Dorftänze zu filmen, nimmt sie sich unser an, als gehörten wir zur Familie. Später erfahren wir, dass wir nach Inselsitte in der Tat nun als Bewohner ihres Hauses gelten.

Wie ihre Angestellten nennen wir sie Paula, mit Nachnamen heißt sie Wendt-Ruotolo. Ihre Familienwurzeln reichen durch die ganze Südsee und in Europa bis nach Pommern.

Damit wir auf dem Fest mit der Kamera erscheinen dürfen, informiert sie ihren Cousin, der Chef einiger Dörfer ist. Gegen sieben Uhr treffen wir uns in einer kleinen Runde. Ich solle ihn mit »Faipule« ansprechen, sagt sie, das sei der Titel dieser hohen Dorfchefs.

Der Faipule ist ein imposanter dunkelhäutiger Mann. Er ist sogar damit einverstanden, dass wir noch am Abend ein paar Bilder von den Tänzern aufnehmen, die unten an der Küste ihren Auftritt proben. In unserer Geschenkekiste sind noch Kinder-T-Shirts und etliche Baseballmützen. Beides geben wir dem Faipule mit. Paula freut sich darüber fast noch mehr als ihr Cousin, da wir damit einer Pflicht nachkommen, deren Missachtung auch auf sie zurückgefallen wäre.

Um zu Südsee-Dörfern Zugang zu erhalten, macht man nach alter Sitte meist dem Dorfältesten oder dem Häuptling ein Geschenk. Dabei geht es weniger um dessen Wert als um die Geste.

In der Regel sind das dann Kawawurzeln oder -zweige, die getrocknet und zermahlen den Grundstoff für eine Art Tee bilden. Die

Kawarunde, zu der man sich täglich zusammensetzt, gehört auch hier zum nationalen Brauchtum. Das Getränk selbst ist lehmfarben, schmeckt erdig und betäubt bald die Mundpartie wie eine Zahnarzt-spritze.

Wegen seiner Heilwirkung wurde Kawa auch von Pharmafirmen entdeckt. Da es beruhigt und müde macht, taugt es sogar als Schlaf-mittel. Auf Wallis steckt das Wort bereits im Namen für Geschenke. »Maukawa« nenne man eine solche Gabe, oder auch »Coutume«, sagt Paula. Dann bringt sie uns zum Dorf hinunter.

Die Musiker, zwei mit Gitarren, einer über der Trommel, sitzen schon bereit. Vor ihnen haben sich die Tänzer in zwei Reihen ange-ordnet, zunächst die Männer auf dem Boden hockend, dann ste-hend die Frauen, von denen manche schon die Blütenkränze tragen.

Die Musik ist rhythmisch, unterbrochen von Pausen, in denen der Ansager dann wie ein Steuermann eine Parole ruft. Dann setzt der Trommler erneut ein, gefolgt von Gitarren und Gesängen. Hun-dert Arme bewegen sich dazu synchron, Handflächen drehen sich, malen Wellen in die Luft, dann klatschen sie. Die beiden Menschen-reihen wiegen sich wie die Folkloreausgabe einer Boy- und Girlie-group.

Unter den Umstehenden fragen wir nach der Bedeutung des Festes. Neben dem französischen Nationalfeiertag sei es das Wichtigste auf Wallis, sagen sie, es verbinde Religion und Tradition der Insel.

Es beginne früh mit einer katholischen Messe in der Kirche, dann folge die Kawarunde der Minister, schließlich die Übergabe von Ge-schenken an König und Regierung, begleitet von den Tänzen. Sechs Dörfer hätten die Feier vorbereitet.

Zurück im Hotel bietet uns Paula an, dass uns morgen vor Son-nenaufgang ein Junge aus dem Dorf abholen könne. Dann würden wir noch sehen, wie die Männer die Schlachtschweine ausstopfen.

Tag achtundzwanzig

Schon um fünf Uhr früh steht Paula in der Hotelküche. Auf mit Aluminiumfolie ausgelegten Platten ordnet sie gekochten Schinken und Tomaten an. Die Honoratioren würden nach der Messe frühstücken, sagt sie. Jede Familie aus den Dörfern trage dazu etwas bei.

Der Junge, den sie angekündigt hat, holt uns pünktlich ab. Als der Morgen dämmert, gilt unser Augenmerk dann einem schwarzborstigen Schweineleib, der auf Wellblechen am Boden liegt. Drei breitschultrige Männer sengen mit einem Schweißbrenner das Fell an und schaben es mit einer Schaufel ab. Danach wird es mit der Machete nachrasiert, bis das Schwein wie nackt daliegt, rundum nun glatt und rosa.

Dann entfernen sie Kehlkopf, Bauchnabel und Darmausgang, um durch die Öffnung in der Bauchdecke sämtliche Innereien aus dem Tier herauszuzerren. Bisweilen verschwinden ihre Arme bis zu den Schultern in dem Körper, der dazu gluckst und schwappt wie eine volle Badewanne.

Als die Männer das Schwein schließlich leer geräumt haben, stopfen sie es mit zerstückelten Bananenstauden wieder voll. Dieser zweite Arbeitsgang scheint genauso kräftezehrend, wie es der erste war. Am Ende liegt das Schwein so rund da, als wäre es mit Gas gefüllt und sollte entweder gleich bersten oder federleicht gen Himmel steigen.

Zwar macht uns der Anblick nicht gerade hungrig, dennoch verabschieden wir uns zu einem raschen Frühstück ins Hotel. Auf die prallen Schweine werden wir später vor dem Königspalast warten.

Sorgenvoll beobachten wir, wie sich dunkle Quellwolken zusammenschieben. Kaum sitzen wir über Kaffee und Marmeladentoast, ergießt sich eine Sintflut über die Insel, ohne dass von irgendwo auch nur ein Lichtstrahl naht. »Das Fest wird nie unterbrochen«, beruhigt uns Paula, »da müsste es schon ein Taifun sein. Ansonsten findet die Zeremonie bei jedem Wetter statt.«

Im strömenden Regen sehen wir dann vor dem Palais die ersten Frauen auf dem Rasen sitzen, die feierlichen weißen Kleider ganz durchnässt, die Gesichter tropfend, aber ungerührt.

Auf dem Vorplatz sind Schweine rücklings aufgebahrt, als Sockel stehen unter ihnen mit Wurzeln aufgefüllte Palmenkörbe. Nach und nach kommen nun Autos an, hieven Männer weitere Schweinekörper von den Ladeflächen, bis alle einer Kompanie gleich auf dem Platz verteilt sind. Die größten vorn, die kleinsten hinten.

Vierhundert Schweinefüße ragen gen Himmel, als sei der Regen ihre letzte rituelle Waschung. Vorn liegt einmal ein zweites obenauf, teilweise bedeckt von einem bunten Teppich. Das sind die beiden für den König.

Der Palast ist ein zweistöckiger Klinkerbau mit breitem Walmdach und umlaufendem Balkon, unter dem der König und seine Ministerriege nun einen Platz im Trockenen haben. An zwei Fahnenmasten wehen Frankreichs Trikolore und die Inselflagge. Auf rotem Grund trägt sie ein weißes Kreuz, ähnlich jenem der Malteser.

Als alle Platz genommen haben, beginnt die Kawazeremonie. Aus einer Holzschale, die auf vier Beinen ruht, schöpft ein geschmückter Träger Trinkschalen voll und reicht sie einzeln den Würdenträgern.

Die Uferstraße ist nun abgesperrt, an jeder Flanke passen Wächter auf, dass niemand stört. Der Regen hat inzwischen nachgelassen.

Dann fällt uns eine Menschenmenge auf, die sich hinter einer Sperre sammelt. Männer in Kostümen, Junge, Alte, Kinder, Tänzerinnen, Gabenträger. Der Umfang ihrer Leitfiguren erinnert an die

Wie von der Flut zerrissen: Blick auf den Atollring Tarawas, Kiribati, zwischen türkisfarbener Lagune und offenem Meer

Flussabwärts zur Südsee: Transport per Bambusfloß

Steigung oder Gefälle: Felswand am Navua-Fluss

Ein »Bula« für die Fremden: Straßenszene auf den Fidschis

Härtetest: Dorfjugend beim Rugbytraining

Blutbad: Fischer in Kiribati

Schrottplatz Atoll: das Ende des »Western Waste«

Marschallinsel Ejit: Fluchtpunkt für Bikini-Opfer

Umsiedlerin: »Was machen die mit unserer Insel?«

Volkskrankheit Atomkrebs: »Alles in Gottes Hand.«

Feuerhimmel: Einbruch der Dunkelheit in Majuro

First Lady: das Moana Surfrider Hotel in Honolulu

Verbotene Insel: Helikopter-Anflug auf Niihau

Einblick in die Werkstatt Natur: Berge wie Messerspitzen an der Nordküste
Kauais, Hawaii

Karnevalsattrappen rheinischer Motivwagen. Wie eine Prozession schreiten sie dann voran, in Blütenkränze, bunte Fransen und Baströcke gehüllt oder umwickelt mit Matten aus Palmgeflecht und bedruckter Rinde.

Manche haben die Gesichter bemalt, andere tragen eingerollte Flechtteppiche, Schnitzereien, Handarbeiten oder an den Füßen zusammengebundene, an Stangen aufgehängte Jungschweine, die nun aus ungewohnter Perspektive durch die Menge quieken.

In Windungen schiebt sich der Zug nun auf den König zu, der hinter den Bergen aus abgelegten Gaben bald nahezu verschwindet. Fast neunzig Jahre alt, sitzt er in seiner Eingangstür und betrachtet gütig seine Untertanen.

Nie haben wir den Eindruck, hier würde nur eine Pflichtübung erfüllt, ein Spektakel, das man den Touristen zuliebe noch veranstaltet. Denn die einzigen Fremden weit und breit sind wir und eine Handvoll Reisende aus dem Hotel.

Als die Geschenke abgelegt sind, beginnen die Musiker zu spielen. Rhythmisch wiegen wieder Arme, Hände, Köpfe hin und her, wenden sich im Takt, Händeklatschen, Pause. Dann wieder von vorn, bis sich das Tempo steigert. Ein Bilderreigen für die Kamera.

Doch – darauf hatte Paula uns hingewiesen – kaum sind die ersten Takte durchgespielt, stehen die Minister, Sekretäre, Häuptlinge und Gattinnen von ihren Plätzen auf, um Geldscheine in einen bereitstehenden Korb zu legen oder sie den Tanzenden ins Haar, die Brusttasche oder auch das Dekolleté zu stecken.

Dabei tragen sie die Scheine so vor sich her, dass jeder sehen kann, wie viel Geld sie geben. Ein Teil dessen, was die Dörfler aufgewendet haben, kommt auf diese Weise wieder zurück. Einige der Tänzerinnen können später kaum noch aus den Augen sehen, so dicht sind sie mit Banknoten bestückt.

In unserer Unterkunft hängen wir zunächst die nassen Kleider auf. Wir sind nun die fünfte Woche unterwegs. Schuhe, Brieftasche und Uhrenarmband leiden sichtlich. Die Nähte meiner Tasche reißen auf, Notizblöcke fallen auseinander, der Umschlag mit den Ausgabe-Belegen platzt.

Mir fällt der Satz des Südseeschriftstellers William Somerset Maugham ein, wonach in den Tropen alles schneller altert, Menschen eingeschlossen. Vielleicht verwechselte Maugham das ja mit dem Reisen. Abgesehen von den Übergewichtigen sehen hier alle recht gesund aus.

Am Nachmittag frage ich Paula, wer denn nun all die Schweine isst. Bevor wir den Festplatz verließen, hatte der Faipule gerade Pappkarten mit Namen in die Tierkörper gesteckt, immer mit einer Ecke in die Nabelöffnung.

»In ein, zwei Tagen«, sagt sie, »werden die Tiere zerstückelt und in den Großfamilien verteilt.« Auf einer Insel mit nur zwanzig Dörfern würden da fast alle wieder zu Empfängern.

Auch die Geldspenden der Tanzenden würden sofort unter allen aufgeteilt, sodass auch die, die leer ausgingen, ihren Anteil bekämen.

Woher diese Königstreue komme, frage ich. Und ob diese Gaben eine Art Steuern seien. »Keines der Geschenke«, sagt sie, »wurde hier dargeboten, weil eine Verpflichtung besteht. Was die Leute geben, kommt von Herzen.« Der König sei ein Glücksfall für die Insel, ein guter König, der sich um die Leute kümmere. Er regiere hier seit über vierzig Jahren.

Wallis, das die Franzosen ebenso wie die Nachbarinsel Futuna 1888 zum Protektorat erklärten, gehörte einst zum Königreich Tonga, dessen Herrscher die Regenten auf der Insel einsetzten. Einer von ihnen sagte sich und die Insel jedoch von Tonga los.

Dann waren es britische Seefahrer, die Wallis für sich reklamierten. Erst als sich die Europäer den südlichen Pazifik aufteilten, um

Amerikas Einfluss dort zu begrenzen, fielen Wallis und Futuna an Paris.

»Wenn der König nicht der Glücksfall wäre, der er ist, könnte man ihn absetzen?«, frage ich. »Oh ja«, sagt Paula. Es gebe andere Instanzen: den Premierminister, einen Minister für das Land und einen für das Meer, den Häuptlingsrat der Faipules und Dorfchiefs, die »Cheferie«. Wenn sie den König ablehnten, sei seine Macht gebrochen.

Wovon lebt die Insel?«, will ich zuletzt wissen. Schließlich fällt auf, dass hier vergleichsweise solide Häuser stehen, französische Autos auf der Straße fahren, ohne dass Wallis irgendetwas exportierte.

Der Großteil des Etats komme natürlich aus Frankreich, da die Verwaltung eine hoheitliche Aufgabe sei, sagt sie, auch wenn der Statthalter aus Paris hier nur ab und zu mal Ferien mache. Zudem schickten, wie auf den anderen Südseeinseln auch, die Auswanderer Geld nach Hause. Hier seien es vor allem jene, die in Neukaledonien gut verdienten.

Die Leute brauchten aber auch nicht viel, sagt Paula. Sie hätten Haustiere, einen Gemüsegarten, Baumfrüchte und Wurzeln. Im Laden kauften sie oft nur Brot, Gewürze und Kaffee.

Dann möchte sie uns noch etwas erklären. Das Inselleben folge hier einer »parole«, was sie französisch ausspricht: »C'est le pardon«, die Güte, die Vergebung.

»Wenn jemand mich verletzt, sei es durch einen Unfall, eine Beleidigung oder gar durch Gewalt, dann kommt eine solche Sache zwar auch hier vor die Gendarmerie«, sagt sie. »Das Traditionsrecht legt dann aber keinen Wert auf eine schwere Strafe. Vielmehr muss sich die Täterfamilie bei der des Opfers aufrichtig entschuldigen.« Umgekehrt müsse das Opfer diese Geste annehmen.

Auch daher komme es, sagt sie, dass die Menschen auf Wallis noch immer so sehr mit den Herzen lebten.

Wallis, scheint es, macht das recht geschickt: Es behält König, Dorfleben und die Gelassenheit einer fern liegenden Insel, lässt sich die Staatskosten aber von Paris bezahlen. Da die meisten Arbeitsplätze in den Inselstaaten ohnehin Regierungsstellen sind, stammt damit das Inseleinkommen größtenteils aus Frankreich. Zwischen Tarowurzeln und Café au lait lebt es sich dann recht gut.

Kleinstaaten wie Tuvalu, die zwar unabhängig sind, denen die abziehenden Briten jedoch nicht einmal ein Schiff zurückließen, ächzen derweil unter Regierungskosten, die ihre kargen Steuereinnahmen weit übertreffen.

Tag neunundzwanzig

Montag. Die Marine tritt wieder in Uniform auf. Im Frühstücksraum stehen die Tische wie im Klassenzimmer. Da sich alle stets mit dem Gesicht zur Eingangstür hinsetzen, tritt man tatsächlich wie ein Lehrer ein, auf den sich plötzlich alle Blicke richten.

Der Vormittagshimmel ist leicht bewölkt. Sobald die Sonne durchkommt, breitet sich Hitze aus. Allmählich merken wir, wie nahe der Äquator ist.

Gegen Mittag ereilt mich zum ersten Mal der Inselkoller. Plötzlich ist mir nach Konsum. Ich möchte wieder einmal durch einen Laden schlendern oder an einem Cafétisch sitzen. Mit dem klapprigen Peugeot mache ich mich auf zu einem Einkaufszentrum, das uns auf der Herfahrt aufgefallen war, weil es aus dem Nichts ragte, als stamme es aus einer anderen Welt.

In einer Boutique finde ich eine Sommerhose, die meinen angeschlagenen Bestand im Reisekoffer gut ergänzen würde.

Meine Restsumme an Pazifischen Francs, mit denen man auf Wallis zahlt, reicht jedoch nur für zwei Drittel des Kaufpreises. Das Personal kann weder Euro annehmen, weil es dessen Kurs nicht

kennt, noch andere Währungen, noch Geld von der Kreditkarte ab-
buchen. Die Bank hat schon geschlossen, und morgen früh reisen
wir ab.

Nun habe ich neuseeländische, Tonga-, Fidschi- und US-Dollar
bei mir, samoanische Tala und Euro, kann mir aber nicht mal eine
Hose kaufen, grummle ich in mich hinein.

Ich schlage vor, anhand des Belegs von meinem letzten Um-
tausch den fehlenden Teil aufgerundet doch in Euro zu bezahlen.
Die Verkäuferin telefoniert mit ihrer Chefin, schildert das Problem,
dann lächelt sie mich an.

»Behalten Sie die Hose, Monsieur«, sagt sie, »und Ihre Euro auch.
Haben Sie noch eine gute Reise, und besuchen Sie Wallis einmal
wieder.«

Gerührt kehre ich in mein Zimmer zurück. Es sollte der einzige
Inselkoller bleiben.

Tag dreißig

Ganz ohne Strafe geht es offenbar auch im gütigsten Königreich
nicht ab. Am Flughafen erfahren wir, dass der Rat der Häuptlinge
eine Buße gegen einen Zuschauer verhängt habe.

Er hatte während der Kawazeremonie seine Mütze nicht vom
Kopf genommen und außerdem geraucht. Die Strafe muss er in Tarowurzeln bezahlen.

Nach dem Abflug haben wir endlich einmal freie Sicht auf die
ganze Insel, die grün und hügelig unter uns verschwindet. Vergli-
chen mit dem weißen Fleck, der sie noch vor ein paar Tagen für uns
war, fühlen wir uns jetzt mit Sachkenntnis so prall gefüllt wie die
Ministerschweine.

Fidschi: Viti Levu

Flussabwärts zur Südsee

Bei einem Landeanflug über Nadi haben wir einmal nachts durch ein Wolkenloch geblickt wie in das Innere eines glühenden Hochofens. In wenigen Minuten wuchs daraus der Tag heran. Diesmal sinken wir nur in dichten Nebel, der hinabreicht bis in die Zuckerrohrfelder.

Ein Mitarbeiter des Tourismus-Büros, den ich seit Jahren kenne, erwartet uns am Flughafen. Alipate Nasilasila war einst Rugby-Profi, spielte sogar zwei Jahre lang in Australiens erster Liga. Sein Körperbau ist dementsprechend, aber sein sonniges Gemüt macht ihn auch kampflos zum Gewinner.

Ein »Bula« also, das von Herzen kommt, Händedruck und eine Umarmung, jedenfalls so weit meine Arme bei seinem Umfang dafür reichen.

Wir mieten einen Kombi und fahren auf der Queen's Road an der Südküste entlang. Auch dieses Wegenetz ist übersichtlich. Die Straße auf der Nordseite heißt King's Road.

Viel mehr braucht man auf Viti Levu, der Hauptinsel der Fidschis, nicht zu wissen, um sich schon mal grob zurechtzufinden.

In den Dörfern, die wir passieren, lässt sich an den Kirchen ablesen, wie viele eigene Süppchen die Missionare in der Südsee kochten. Adventisten, Pfingstgemeinden, Zeugen Jehovas und Mormonen haben hier Heimstätten errichtet, manchmal alle nebeneinander.

Als wir den »Sugar Belt«, das Zuckerrohr-Anbaugebiet im Westen der Insel, verlassen, erinnern uns die Berge an Neuseeland. Nach den letzten Flachinseln wirkt diese Kulisse fast alpin.

Dazwischen die breiten Kronen des »Vaivai«, des Regenbaums. Später umgeben uns Pinienwälder, bis sich weiter im Süden das Sigatoka-Tal anschließt, die Gemüsekammer der Fidschis mit den fruchtbarsten Böden, die es auf der Insel gibt.

Die Flüsse sind randvoll mit grünem Wasser. Neben der Landstraße bieten Bewohner nun Orangen an, Kohlköpfe oder Bananen. Bier-Plakate werben für »Fiji Bitter«.

Dazu immer wieder Fischer, die ihren Tagesfang wie Windsäcke an einen Holzpfeiler gehängt haben.

Tag einunddreißig

Unser nächster Tourguide heißt Basilio Cacaunivalu, frei übersetzt: Krieg der Klippen. Er arbeitet für eine kleine Firma, die auf dem nahen Navuafluss Raftingtouren durch die Highlands anbietet. Die obere Navuaschlucht gilt als das schönste Flusstal in der Südsee.

Um halb sieben fahren wir zuerst ein Stück die Queen's Road zurück, dann wechseln wir an einer Abzweigung den Wagen. Nur Allradgetriebe schaffen die Bergwege, die anfangs zwar noch mit Schotter bedeckt sind, später aber steil und schlammig ansteigen.

Unterwegs kreuzen wir eine Lichtung, an deren Rand noch Mahagonistämme liegen. »Dreißig Jahre werden die hier alt«, sagt Basilio, »dann ernten wir sie für Möbel und für den Export. Die Bäume wachsen nach, ohne dass man neue pflanzen muss. Die Samen verteilen sich von allein.«

Schließlich erreichen wir ein Schild, auf dem die »Upper Navua Conservation Area« angekündigt wird. Der Urwald beidseitig des Canyons ist geschützt. Schon vor Jahren feierten das Ökologen als Erfolg. Die Erkenntnis, dass auch Wald, der von Kettensägen verschont bleibt, ein hohes Wirtschaftsgut sein kann, hat sich damit vorerst durchgesetzt.

Für die Durchfahrt seiner Autos zahlt der Bootsbetreiber Wegezoll an das Dorf, in dessen Nähe wir losfahren. Ein zweites Dorf liegt dort, wo wir den Fluss später wieder verlassen werden. Dazwischen, auf einer Strecke von gut sechzehn Kilometern, wohnt kein Mensch.

Nur ein paar Jäger und Fischer, sagt Basilio, kämen hier noch immer auf ihrer Suche nach Wildschweinen, Flussaalen und Krabben durch. Als der Hohlweg endet, bringen Träger die Faltboote zum Flussufer hinunter. Basilio verteilt Schwimmwesten und Plastikhelme. Nach kurzem Fußmarsch sind wir da.

Sicherheitsbesprechung. »Es gibt hier keine Krokodile, keine Giftschlangen und auch sonst nichts, das uns beißen könnte. Ihr könnt also entspannt sein«, sagt Basilio.

Das gelte auch dann noch, wenn man aus dem Boot gefallen sei. Die Grundregel sei dann: Rückenlage, Füße hoch, die ausgestreckten Beine talwärts halten. Sobald eine ruhige Stelle komme, warten, bis aus dem Boot das Bergungsseil geworfen werde.

Dann erklärt er uns Handzeichen, mit denen wir uns zur Not verständigen sollen. »Noch Fragen?« Wie ich ein Handzeichen aus dem Boot hinter mir erkennen soll, wenn ich mit den Füßen voraus talwärts treibe, will ich wissen. »Wenn du mich nicht sehen kannst, wirst du mich rufen hören«, lacht er. Wir sollen uns nicht sorgen. Alle Stromschnellen seien erträglich.

Alipate sitzt der gelbe Helm wie ein Faschingshütchen auf dem breiten Schädel, mir rutscht er bis in die Stirn. »Bula«, sagen wir für einen Schnappschuss. »Ein Foto für die Nachwelt.«

Dann steigen wir in die Boote. Kameramann, Tonmann und ein Skipper in das eine. Alipate, Basilio und ich in das andere. Die Unterwasser-Kamera ist in ihr Gehäuse, die große in eine wasserdichte Folientasche eingepackt. Erst der zweite Versuch, sie drehfertig zu versiegeln, war geglückt. Zuvor hatte sich eine kleine Spinne zwischen Drehfenster und Linse eingerichtet.

Das Boot driftet flussabwärts. Drei Aktionsstufen gibt es von jetzt an für uns: »Nice and easy forward« für langsames Schupfen. »Forward!« für Tempo machen. »Stop!« für Paddel festhalten und nicht mehr aus dem Boot lehnen.

Das Spritzwasser ist ziemlich kalt. Basilios Heiterkeit lockert mich zwar auf. Ein wenig unwohl aber ist mir doch. Gemächlich treiben wir in der engen Schlucht. Der Blick nach oben ist fantastisch. Fünfzehn, zwanzig Meter steigen die Felswände hoch. Darüber hängt der Dschungel wie aus großen Blumenkästen – Lianen, Riesenfarne, Blatt- und Wurzelwerk. Neben uns Wasserfälle, die wie Duschwasser herniederprasseln. Basilio fährt gleich in einen hinein, die Schockmethode, nun sind wir schon mal nass.

Die ersten Stromschnellen nahen, der Bug senkt sich, wir lehnen uns ins Boot zurück, tauchen in die Welle. Ein Schwall Wasser klatscht auf meinen Schoß, dann richtet sich das Boot wieder auf. Wir feuern uns gegenseitig an. In die nächste Wasserschleuse schleudert uns Basilio fast hinein, kreisend rutscht das Boot zwischen den Steinen durch.

Biologen haben hier Leguane entdeckt, die auf den Fidschis schon als ausgestorben galten«, sagt Basilio, »und Fische, die man bisher nicht kannte.« Am Himmelsstreifen über uns sehen wir Schatten fliegen, zu groß für Fledermäuse, aber mit Umrissen wie »Batman«. »Fruchtfledermäuse«, sagt Alipate. Forscher haben gerade herausgefunden, lese ich später, dass bei ihnen auch die Männchen Milch geben – und sie zum Naturwunder erklärt.

Die nächste Klippe, die wir nehmen müssen, ist zwei Meter hoch. Aber als der Schaum sich lichtet, sitzen noch alle in ihrem Boot. Als wir auf einer Sandbank Pause machen, hören wir aus dem Dschungel Papageien.

Dann wird die Schlucht breiter, und es entsteht ein völlig irreales Bild. Die Gesteinsschichten, die sich an den Felswänden abzeichnen wie eine Schichttorte, verlaufen nicht mehr waagerecht, sondern in Fahrtrichtung nach oben. Auf das Gehirn, das die Schichtlinien weiter als Waagerechte deutet, wirkt das nun, als sei der Fluss eine steil abfallende Straße.

Dem Irrbild ist mit Logik nicht beizukommen. Es scheint, als müsse man nun nicht mehr rudern, eher als müsse das Boot wie eine Seifenkiste losrollen und man selber nur noch lenken.

Dann treffen wir wieder auf Menschen. Am Ufer lässt ein hagerer Mann mit seinem Sohn ein Bambusfloß zu Wasser, auf das sie einen Stapel Palmblätter gebunden haben. Wie mit dem Gondelstab schiebt der Vater dann das Floß an und steuert es den Fluss hinab.

Wir grüßen die beiden. Sie brächten Material zum Dachdecken ins Dorf, sagt der Vater.

Später gehen wir dann selbst ans Ufer. Kurz darauf wecken ein paar Jungs, die in einer Sandgrube Rugby trainieren, vor allem Alipates Interesse. »In meinem Dorf hatten wir auch kein Spielfeld«, sagt er. »Anfangs besaßen wir nicht mal einen Ball. Wir verknoteten einfach so lange ein Hemd, bis es als Rugby-Ei herhalten konnte.«

Die Ufersiedlung selbst besteht nur aus wenigen Häusern, einer steilen Stichstraße und ein paar Gräbern über dem Fluss.

»Früher konnte man das Dorf nur auf dem Wasserweg erreichen«, erklärt mir einer der Rugbyspieler. Die Bambusflöße hießen hier »Billi-Billi«. Auf ihnen brachten die Dorfbewohner Fische, Bananen und Gemüse zu den Märkten an der Küste.

Zurück schlugen sie sich später durch den Wald wieder nach Hause durch. »Das Floß ließen sie an der Küste liegen«, sagt er, »es

ist leichter, ein neues zu bauen als das alte wieder den Fluss hinauf-
zuschieben.«

Die Rugby-Spieler üben für ein Turnier der Dörfer weiter südlich,
veranstaltet von einer katholischen Schule.

Mit der Christianisierung habe das Dorfleben hier erst begonnen,
sagt Basilio. In den Highlands hätten die Stämme und Familien zuvor eher verstreut im Dschungel gelebt, meist in Angst vor feindlichen Überfällen und Stammesfehden.

Tag zweiunddreißig

Das »Pacific Harbour Hotel« hinter Viti Levus Südküste strahlt weiß
an einer Flussbiegung, auf die man von den Zimmern aus hinaus-
blickt. Träge treibt der Strom vorbei. Das Ufer gegenüber säumen
Baumkronen, die sich im Flusslauf spiegeln. Dahinter weite Wiesen,
auf denen der Tau glänzt. Der Regen der Nacht tropft vom Dach.

Beim Frühstück erzählt mir Alipate, dass der Vize-Präsident der
Fidschis kürzlich verhaftet worden sei. Er habe zu den Anstiftern
des letzten Putschs gehört. Der erste dingfest gemachte Hinter-
mann also. »Nun möchte er vom Präsidenten begnadigt werden.
Das könnte ihm so passen«, sagt er. Vierzehn Menschen waren während der Unruhen gestorben.

Wie die konservativen Häuptlinge der Fidschi-Dörfer eigentlich
bestimmt werden, möchte ich wissen. »Durch Erbfolge«, sagt er.
Der Dorfhäuptling komme immer aus der gleichen Familie. Absetzen könne ihn nur der Königsmacher.

»Und wer bestimmt den Königsmacher?«, frage ich. »Dieses Amt
wird auch vererbt. In den Dörfern gibt es immer drei Familien, die
Funktionen übernehmen. Die der Chiefs, die der Königsmacher
und die Familie, die die Krieger stellt, um den Häuptling und das
Dorf zu schützen«, sagt er.

Die nächste Frage beantwortet er schon, bevor ich sie ihm hätte stellen können. Wer diese Familien irgendwann ausgesucht habe, wisse er auch nicht, das sei hier einfach schon immer so gewesen.

Alipate fährt mit dem Team nach Suva, um eine Schraube zu besorgen, die sich auf der Fahrt vom Kamerastativ gelöst hat und verloren ging. Außerdem brauchen wir etwas, das Kondenswasser aufsaugt, um zu verhindern, dass die Linsen beschlagen.

Der Tag bleibt verregnet. Ich schiebe einen kleinen Tisch zum Fenster und blättere meine Notizen durch.

Vor mir steht, wie immer auf Drehreisen, ein kleiner Rahmen mit zwei Fotos. Das eine zeigt meinen vierjährigen Sohn, wie er in Japans Bergen über einem Kratersee an einem Holzpfahl steht. Schriftzeichen darauf benennen den Ort als Kusatsu, ein Heilbad mit berühmten Schwefelquellen.

Im blauen Kinderrucksack, den er auf dem Rücken trägt, waren nur ein paar Kekse, aber ohne Rucksack war der Ausflug nicht zu machen. Der Aufstieg vom Parkplatz zum See war steil. Aus seinem Lächeln strahlt deshalb auch ein wenig Stolz, dass er ihn geschafft hat, ohne dass Papa ihn tragen musste.

Auf dem zweiten Foto hält meine Frau unsere kleine Tochter auf dem Arm, an ihrem ersten Geburtstag. In der Tokioter Wohnung schauen die beiden mit dunklen Augen in die Kamera. In ihren Kinderfäusten hält die Kleine einen Malstift, als wollte sie ihn nie mehr loslassen.

Zusammen mit einer Muschelkette und einem kleinen Holzboot schicke ich Tagebuchseiten und eine gemalte Streckenskizze ab. Und nehme mir wieder einmal vor, ein paar der Ziele, an die ich als Reporter reiste, auch mit der Familie zu besuchen, sobald die Kinder alt genug sind. Dass mich zu Hause nach der Rückkehr erst einmal eine Ausgangssperre trifft, habe ich ihnen schon versprochen.

Fidschi: Taveuni

Der bunte Schatz der Garteninsel

Tag dreiunddreißig

Vom Flughafen Suva aus nehmen wir Kurs auf die Nachbarinsel Taveuni. Nach dem Abflug schweift mein Blick über die Highlands, um deren Kuppen sich noch immer Wolken ranken. Zur Küste windet sich der Fluss durch ein Delta aus Mangrovenwäldern. Auf Flughöhe überqueren wir dann andere Gipfel: jene, die den Meeresspiegel nicht mehr überragen. Von der Sonne beschienen schimmern sie als Beinahe-Inseln ockerfarben zwischen den Blautönen des Wassers.

Hier und da kräuselt auch Brandung über einem flachen Rücken Sand, bis der geschwungene Kamm des Außenriffs den Rand zum offenen Pazifik bildet.

Im Inselflieger der lokalen »Sun Air« fühlen wir uns wie im Privatjet. In der Kabine sitzen außer uns nur noch zwei schweigsame Schulmädchen, Anisha und Lenisha, die zu ihrem Onkel fliegen. Die Ferien über wollen sie ihm in seinem Laden helfen.

Taveuni könnte der Rücken eines Dinosauriers sein, der sich auf dem Meeresboden schlafen gelegt hat. Lang zieht sich die grüne Wölbung hin, beidseitig fallen kurze Täler ab. Die Landstraße schmiegt sich wie eine Schlange in den Küstenhang.

Der Fahrer, den wir mitsamt Auto angeheuert haben, berichtet uns von einer sonderbaren Blume, die es hier gebe. »Sie wechselt den Tag über die Farbe«, sagt er. Dann hält er an und zeigt uns einen Strauch mit aufspringenden Knospen, die uns an Pfingstrosen erinnern. »Vau« heißt die Pflanze. Die Blütenblätter strahlen weiß, allenfalls am Rande schimmert ein wenig Farbe durch. »Am Nachmittag werden sie richtig rosa sein«, sagt der Fahrer. Wir verabreden, noch einmal herzufahren.

Das erste Dorf, das sich auf einem Schild als »Somosomo« ankündigt, beginnt hinter einer Kurve, die um einen knorrigen Baum führt. Eine Brücke überquert den Dorfbach, dann stehen beiderseits des Weges flache Holzhütten, mal längs, mal quer, wie auf einem winterfest gemachten Campingplatz.

Ein fleckiges, einst weiß verputztes Kirchlein schaut ein Stück weiter einsam auf das Meer. Später folgt eine Art Einkaufsmeile. Eine Blechbude, kaum größer als ein Imbisswagen, prahlt mit dem kühnen Anspruch, sich sowohl auf indische als auch auf europäische, chinesische und einheimische Küche spezialisiert zu haben.

Die Unterkunft, die wir nach einer halben Stunde Fahrt beziehen, haben wir schon einmal bewohnt. Hier, nahe an der Stelle, wo der 180. Längengrad die Insel kreuzt, bauten wir an Silvester 1999, unterstützt von einem Ingenieur der japanischen Telekom, eine Satellitenschüssel im Garten auf.

Um Mitternacht waren wir dann die Ersten einer fortdauernden Kettenschaltung, die den Beginn des Milleniums von wechselnden Orten stündlich übertrug. Vom Dschungelrand auf Taveuni spielten wir Bilder von Fackelträgern und geschmückten Trommlern ein, über zwei Satelliten gingen sie ihren Weg zunächst nach Tokio, dann nach Hamburg, pünktlich in die »Tagesschau« am Mittag.

Noch in der Nacht zerlegten wir dann die komplette Anlage und zogen um die Insel bis zur Ostseite, um von dort die erste Sonne aufgehen zu sehen.

Wie so oft bei derartigen Großprojekten sollten sich Glück und Pech an unserer Seite abwechseln. Glück hatten wir zunächst mit dem Wetter, weil der Regen uns verschonte.

Zudem bemerkten wir gerade noch, dass der Dieselgenerator, der unsere Anlage mit Strom versorgte, ohne ausreichende Luftzufuhr den Geist aufgab. Weil er so laut war, hatten wir ihn in ein Erdloch gestellt, zugedeckt und uns über die Ruhe gefreut. Bald darauf saßen wir im Dunkeln, konnten den Generator aber rechtzeitig wieder anwerfen. Am Ende standen alle Bildstrecken, vier von fünf Schaltungen klappten tadellos.

Das Pech war, dass die Tonstrecken inklusive der Rückleitung für die Fragen aus dem Studio wie üblich über das Telefonnetz liefen – und entsprechend davon abhingen. Bei einer Schalte fiepste in meinem Ohrenstöpsel statt eines Programmtons nur ein Salat aus Kurz- und Langwellensignalen.

Missmutig lauschte ich nach einem deutschen Wortfetzen und beklagte lauthals, dass mich in Hamburg keiner höre, bis ich genervt aufgab. Später erfuhr ich, dass genau dies über den Sender ging, bis der Moderator Mitleid hatte und mich wieder verabschiedete, ohne dass ich etwas davon bemerkte.

Sie waren schon mal hier, nicht wahr?«, spricht mich ein Hotelmitarbeiter auf der Treppe an und malt mit seinen Händen die Sendeschüssel in die Luft, die damals vor dem Haus stand.

Nebenan gehen wir dann mit den Leuten vom Tauchladen die Details des nächsten Tages durch. Einer der Unterwasserschätze, die vor Taveunis Küste ruhen, ist eine Hunderte von Metern tiefe Riffwand, die dicht mit hell blühenden Korallen übersät ist. »Weiße Wand« wird sie hier genannt.

Unser Schlafbedarf hat sich erhöht. Schon gegen acht Uhr abends zieht es uns auf die Zimmer. Die frühen Aufbruchzeiten fordern offenbar ihren Tribut. Am Nachthimmel fällt mir dann wieder einmal auf, dass hier die Mondsichel nicht auf der Spitze steht, sondern wie die Kufe eines Schaukelpferds auf ihrer Rundung liegt.

Tag vierunddreißig

Anisha und Lenisha, die beiden Mädchen aus dem Flugzeug, stehen schon am Morgen nach der Ankunft im Supermarkt des Onkels an der Kasse. Hinter der Kassiererin packen sie den Kunden die Waren in die Tragetüten.

»Na, wie ist der neue Job? Zahlt der Onkel denn auch anständig?«, frage ich. »Die Arbeit ist gut, aber er hat noch nichts gesagt. Mal sehen«, sagt die Ältere.

Im Laden gibt es alles Erdenkliche zu kaufen, vom Koffer bis zur Stangenseife, das Kilogramm für etwa einen Euro. In einer Ecke stapeln sich Mehl- und Reissäcke, in einer anderen Kochtöpfe, in einer dritten leere Aktenordner, Klebstoffe und Holzkohlen-Bügeleisen.

Der Onkel steht am Ausgang, neben seinem alten Schwiegervater. Die Familie ist indischer Herkunft. Er habe den Laden vor nunmehr fünfzig Jahren aufgemacht, erzählt der alte Chef. In diesen Tagen übergebe er ihn an seinen Schwiegersohn.

»Als ich anfing, machten wir nur Näharbeiten. Später verkauften wir auch ein paar Lebensmittel, aber nur Konserven«, sagt er. Nach und nach hätten die Bewohner dann aber mehr auf ihren Feldern angebaut und durch den Verkauf Geld verdient. »So konnten sie selbst dann auch mehr kaufen«, sagt er, »und wir erweiterten das Sortiment.«

Als die Kamera nicht mehr läuft, frage ich ihn, ob der Konflikt zwischen den Volksgruppen hier eine Rolle spielt. Er verneint. »Es ist egal, wem man hier angehört«, sagt er. Der Streit werde vor allem in der Hauptstadt ausgetragen und im »Sugar Belt« des Westens, wo die auslaufenden Pachtverträge den Konflikt anheizen.

Auf der Rückfahrt stecken wir im Stau. Ein Vorderrad eines Tiefladers ist von der schmalen Holzbrücke gerutscht, die über ein Flüsschen führt. Nun bahnt sich ein Bagger langsam seinen Weg durchs Flussbett, um das Fahrzeug wieder in die Spur zu heben.

Die Autobusse der »Pacific Transport Company« reihen sich in die Warteschlange. Ihrer Pünktlichkeitswerbung, wonach sie »so sicher wie der Sonnenaufgang« ankommen, werden sie heute wohl nicht mehr gerecht. Irgendwann ist der Laster auf die Spur gesetzt und die Brücke wieder frei. Die Wartenden setzen ihre Fahrt über die Schotterstraße fort und wirbeln eine lange Staubwolke auf.

Der Nachmittag gehört der »Weißen Wand«. Eine halbe Stunde brauchen die beiden Außenborder, um unser Boot zum Riff zu bringen. Auf einer Schiefertafel malt unser Tauchführer dann den Weg auf, der uns nach dem Abtauchen erwartet.

Zwei Tunnel würden wir durchqueren, sagt er, einen auf dem Weg hinab, den anderen kurz bevor wir wieder aufsteigen. Bis auf knapp dreißig Meter wollen wir hinuntergehen. »Dort sind die Korallen weiß, darüber sind sie lila«, sagt er. Ich frage mich, ob sie wohl mit der Vau-Blume verwandt sind.

»Unterschätzt die Strömung nicht«, warnt der Tauchführer. »Aber ohne sie sehen wir die Korallen leider nur geschlossen. Weichkorallen blühen nur, wenn das Wasser sich bewegt.«

Die erste Höhle öffnet sich in einer Riffspalte. Nacheinander lassen wir uns von ihr verschlucken. Gleich darauf markiert Licht den Ausgang. Die Unterwasserkamera wird bis nach vorn gebracht und wartet, bis wir ihr entgegentauchen.

Am Höhlenausgang sehen wir hinab in endlos blauen Raum. Allein die Riffwand schimmert weiß. Wie in Orchideenkelche blicken wir in die Korallen, die tausendfach den Fels bedecken, bis er sich im Dunst verliert.

Der Tauchführer zeigt zwischendurch auf Fische, darunter die orange-weißen Clownfische in ihren Anemonen, einen größeren, wie im Faschingskostüm daherschwimmenden »Leopardendrücker-fisch«, schließlich in einer kleinen Höhle ein violetter »Schaukel-fisch«, der sich, dünn wie eine Buchseite, ständig umklappt und danach wieder aufrichtet.

Nach der zweiten Höhle, die wieder hinaufführt, blühen die Korallen dann tief violett. Es sei das Sonnenlicht, das die Farbänderung bewirke, sagt unser Begleiter. Die tiefe Wand sei nach innen geneigt und bekomme deshalb keine direkte Sonne ab. Daher seien die Korallen weiß.

Am Abend fahren wir zurück in Richtung Flughafen, um irgendwo entlang der neuen Küstenstraße etwas zu essen. Der Taxifahrer fährt dabei auch auf geraden Strecken leichte Kurven. Erst wundere ich mich, dann sehe ich, dass er Fröschen ausweicht. »Die sitzen hier bei Dunkelheit auf dem Asphalt, weil sie da einen warmen Hintern haben«, klärt er uns auf. Ungerührt besetzen sie die Fahrbahn. So manche Aufwärmübung endet denn auch unter unseren Reifen.

Tag fünfunddreißig

Nur wenige Meter vom Hotel entfernt finden wir den Markierungsstein, der auf den Längengrad hinweist. Die Inschrifttafel aber, die darin eingelassen war, wurde herausgenommen.

Vom Hügel gegenüber winken wir eine Frau aus ihrem Haus herunter und fragen sie, was mit dem Stein passiert ist. »Die Regierung hat eine Kommission geschickt, um den Verlauf des Meridians noch einmal nachzumessen«, sagt sie. Man habe die Linie dann um einige Meter Richtung Osten korrigiert.

Ob es dort nun eine neue Markierung gebe, wisse sie nicht so genau, sagt sie. Bald aber wird klar, dass sie nur zögert, uns dorthin zu begleiten. Ein Taxifahrer warnt uns ebenfalls. Um jene Markierung habe es Streit gegeben zwischen dem Landbesitzer und der Regierungskommission. Wenn danach Besucher sich ihr näherten, habe der Eigentümer sie meistens davongejagt.

Jetzt bloß nicht kneifen, denke ich, nicht nach 30 000 Kilometern Anreise. »Wir bleiben auf der Straße«, schlage ich dem Taxifahrer vor. »Wenn der Mann tatsächlich sagt, dass wir verschwinden sollen, können wir das ja immer noch tun.«

Womöglich kam uns dann zugute, dass die Laune des Markierungshüters morgens besser ist als nachmittags. Jedenfalls reicht uns kurz darauf ein zwielichtiger Kerl, ein Schrank von Mann, den wir uns lieber nicht schlecht gelaunt ausmalen wollen, nach einem kurzen Wortwechsel die breite Hand.

Eine Tochter und ein Bruder weisen der Kamera danach den Weg zum Punkt unter dem Gras, an dem eine Messingplombe mit nunmehr amtlichem Hinweis eingelassen ist.

Wir zahlen der Familie fünfundzwanzig Euro Wegezoll und geloben, aus Deutschland eine Videokassette mit dem Film zu schicken. »Na bitte«, atme ich erleichtert auf, »war doch ein anständiger Kerl.«

Eine dritte Markierungsstelle, auf einer Anhöhe über der Küstenstraße, hatten wir bei den Milleniumsfeiern schon gesehen. Eine bemalte Tafel weist dort auf den Verlauf der »Dateline« hin, auf der sie stehe. »Today West« heißt es auf ihrer linken Seite, »Yesterday East« steht auf der rechten. Dazwischen klafft ein Spalt.

Wäre die Datumsgrenze nicht irgendwann auf See hinaus verlagert worden, wir könnten uns hier wirklich mit einem Bein in den Sonntag und mit dem anderen in den Samstag stellen.

Die Markierung wird der einzige sichtbare Hinweis auf den Verlauf der Datumsgrenze bleiben, den wir finden. Ausgerechnet dort, wo sie nicht wirklich ist.

Im Hotel verabschiede ich mich von einem Ehepaar aus Japan, das wir am Vorabend kennengelernt haben. Der Mann, jungenhaft klein, ist schon im Rentenalter und arbeitet als freiwilliger Entwicklungshelfer für ein Jahr in Suva. Er ist Softwarefachmann und spricht auffallend gut Englisch. Seine Frau ist Lehrerin in Tokio und besucht ihn gerade. Im Hotel verbringen sie nun ein paar Tage gemeinsam.

Neben den übrigen paar Gästen aus Amerika oder Australien, die meisten lässig und eher korpulent, wirken sie wie Kinder. Ihre Verbeugungen werden an den Nachbartischen mitleidig belächelt.

Das ist ein wenig gemein, denn in Tokio würden sie nicht weiter auffallen. Als Fremder genießt man dort gerade jene Höflichkeit und fühlt sich so wertgeschätzt, weil sie die eigene Unsicherheit sofort verfliegen lässt.

Hier auf den Fidschis schlägt allerdings auch ihre Unfähigkeit durch, ein »l« zu sprechen. Jedes »Bula« geben sie freundlich lächelnd als »Bura« wieder zurück.

Im Japanischen gibt es für beide Konsonanten nur einen Zwischenlaut. In Tokio schmücken so Stilblüten das Stadtbild, sei es im »Café Mozalt« oder über Blumenläden, die sich »Flolist« nennen. Am schönsten fand ich immer, wenn jemand beim Buchstabieren »R wie Rondon« sagte.

Um eine Postanschrift und drei E-Mail-Adressen reicher wünsche ich dem Mann alles Gute in Suva und seiner Frau eine gesunde Heimreise. »Und bitte, bitte besuchen Sie uns einmal«, rufen sie noch aus dem Taxi.

Dann haben wir noch ein Treffen nachzuholen – mit der Vau-Blume am Wegesrand. Als wäre sie nie weiß gewesen, blüht sie nun wirklich strahlend rosa. Offen durchwachen die Blüten so die Nacht, die einzige, die sie erleben.

Ein Tag nur bleibt so einer jeden Blüte. Aber an diesem einen Tag schmücken sie zwei Farben. Taveunis Schätze, scheint es, lieben Wechselspiele.

Tag sechsunddreißig

Die beiden Japaner, die gestern abreisen wollten, sind wieder vom Flughafen zurückgekommen. Wegen eines Streiks hat »Air Fiji« einige Verbindungen gestrichen. Glück für uns, dass wir der Konkurrenz vertraut haben.

In Nadi aber werden wir für die umgebuchte Strecke zu den Marshallinseln neue Tickets kaufen müssen. Nur zögerlich hat sich eine »Air Nauru«-Mitarbeiterin bereit erklärt, die Reservierungen über die Sperrfrist hinaus aufrechtzuerhalten, bis wir am Flughafen bezahlen können. Nun müssen wir pünktlich sein, sonst kommt sie selbst in Schwierigkeiten.

Mit einem Becher Kaffee sitze ich noch mal am Ufer und betrachte die Landzunge, die Taveuni gegenüberliegt. Ein alter Baum spendet mir Schatten.

»Indische Mandel« steht auf einer kleinen Tafel vor seinem dicken Stamm, »Holz dient zum Kanu- und Hausbau. Früchte essbar. Rinde wird medizinisch genutzt (Mund- und Racheninfektionen).« Aus Asien sei der Baum nach Polynesien eingeführt worden. In der Dämmerung ziehe er Fruchtfledermäuse an.

Ein Singvogel stößt vom Rand des kleinen Pools aus wie zur Attacke ins Wasser und kehrt danach mit vollem Hals wieder zurück. Dann schüttelt er die Flügel aus und startet seinen nächsten Angriff. Den Kopf legt er dafür in den Nacken, der ganze Körper geht so auf Linie mit dem spitzen Schnabel.

Seine Flügel sind grell blau, die Kehle weiß, das Bäuchlein darunter gelb. Um die Augen zieht sich ein schwarzes Band, als sei er der

Don Juan der Lüfte. »Königsfischer« seien das, sagt mir der Kellner, als er die leere Tasse holt.

Im Gegensatz zum Artenreichtum unter Wasser nimmt die Zahl der Pflanzen und Tiere auf den Pazifikinseln ab, je weiter man nach Osten kommt. In Neukaledonien gibt es noch über fünfhundert Landvögel, im Osten Polynesiens nur noch elf. Der Ozean, der sich danach bis Südamerika erstreckt, war für alle Tiere, die von dort her hätten kommen können, unüberwindlich. Das Paradies muss offenbar mit jenen Arten auskommen, die am Ende für es übrig bleiben.

Auf dem Weg nach Nadi überfliegen wir noch einmal die Zuckerrohrfelder, die sich wie Handtücher über die Hügel legen. Etwa die Hälfte davon ist abgeerntet, als sei ein Teil der Hügel kahl rasiert. Das Erdreich, das der Regen von den entblößten Feldern wäscht, färbt die Flüsse lehmig braun. Von oben sieht es aus, als brächten die Nebenflüsse frische Farbe.

»Nur gemeinsam kommt das Land voran«, steht auf einem Plakat neben dem Flughafen, das für Verständigung unter den Volksgruppen der Fidschis wirbt.

Vielleicht kommt Bula-Land ja auch politisch irgendwann zur Ruhe, denke ich. Doch bald schon werden wir feststellen, dass die Fidschis hier trotz allem ein vergleichsweise gut funktionierendes und wohlhabendes Land sind.

Kiribati

Westmüll unter der Äquatorsonne

Tag siebenunddreißig

Bording für Kiribati gegen sieben Uhr. Der Chefsteward wirkt nicht eben ausgeschlafen. Er trägt eine ausgebeulte, an den Knien glänzende Anzughose und hat Kaffeeflecken auf dem Hemd. Ansonsten aber wird alles unauffällig bleiben. Das Bodenpersonal war nett, beim Berechnen unseres Übergepäcks sogar recht großzügig.

Der Fluggesellschaft »Air Nauru« eilte nicht der beste Ruf voraus. Im Besitz von nur einer Maschine, bei der die Passagiere zudem nach hinten rücken müssten, damit sie vorne hochkomme, habe der Betreiber schon mehrfach die Lizenz verloren, hörten wir. Der Pilot verbringe oft seine Abende in der einzigen Kneipe jener gottverlassenen Insel gleichen Namens und warte auf sein überfälliges Gehalt.

Tatsache ist, dass Australien und Neuseeland der Fluggesellschaft bereits mehrfach die Landeerlaubnis für ihre Flughäfen entzogen und erst unter Sicherheitsauflagen wieder erneuert haben. Der Rest ist schwer nachzurecherchieren. Das Image der Linie hat sich zuletzt gebessert. Dennoch sind wir auf einiges gefasst.

»Waren Sie schon mal in Kiribati?«, fragt mich der Steward.

Als ich verneine, sagt er, dass auch er dort bisher nur den Flughafen gesehen habe. »Aber von oben sieht die Insel gut aus«, sagt er. Ich bin unsicher, wie ich das zu deuten habe.

Auch Nauru, das nahe Kiribati liegt, hatte eigentlich in unsere Reiseroute eingehen sollen. Als Journalist bekommt man dafür aber seit Längerem kein Visum mehr.

Australien, das den klammen Kleinstaat unterstützt, hat dessen Abhängigkeit zuletzt genutzt, um afghanische Flüchtlinge dort einzusperren, die vor der australischen Küste vor Jahren schiffbrüchig geworden waren.

Nun bekommt Nauru Geld dafür, dass es die Verschleppten hinter Stacheldraht verwahrt. Und australische Gewährsleute achten seitdem darauf, dass kein Berichterstatter mehr Nauru betritt.

Vor dem Bordfenster quillen tausend Wölkchen, alle auf der gleichen Höhe, wie Schlagsahne aus Teigtaschen. Später erscheinen sie wie von einem Schneepflug zusammengeschoben und geglättet.

Gegen zehn Uhr taucht unter uns ein erstes, einsames Atoll auf. In seiner Form verharrt es zwischen Kreis und Raute, auf drei Seiten verbunden, auf der vierten schließt ein Klecks halbwegs die Lücke. Wie aus einem Pinselschwung entstanden biegt sich der Landstreifen im Meer, als sei er das Werk eines ehrwürdigen Kalligraphen.

Als bald darauf das zweite Atoll vor uns liegt, verlassen wir die Flughöhe und nähern uns Tarawa, Kiribatis Hauptinsel. Auch sie umsäumt eine türkis glänzende Lagune, das Außenriff mehrfach durchbrochen wie ein Damm unter dem Druck der Flut.

Die Landung gerät zum Farbenspiel der Blau- und Grüntöne. Wie ein Spiegel glänzt das Wasser, das mit dem Land nahezu auf gleicher Höhe ist. Am Horizont flirrt Hitze. Davor erscheinen Menschenumrisse, als liefen sie über das Wasser.

Zuletzt machte auf unserer Reise wenigstens ein leichter Wind das Klima halbwegs erträglich. Nun steht jedoch die Luft. Schweißflecken breiten sich aus, unsere Hemden kleben an den Körpern.

In der blechgedeckten Flugplatzhalle drängen sich Menschen, Kisten und Gepäck. Transportkarren gibt es nicht, schon nach Minuten blockieren sich hier alle gegenseitig. Die Flughafentoilette stinkt wie ein Kirmesklowagen nach Mitternacht. Kiribati ist das ärmste Land, das wir bereisen.

Da hier in der Landessprache die Silbe »ti« zu einem »s«-Laut wird, spricht man es »Kiribas« aus. Aus dem Frauennamen Reeti wird so »Rees« und aus dem Männernamen Noketi »Nokes«.

Reeti und Noketi sind unsere Ansprechpartner. Erstere erwartet uns am Flughafen und vermietet uns danach das Auto ihrer Tante. Letzterer wird uns als Experte für Müllentsorgung zur Verfügung stehen. Denn Müll ist auf den Atollen ein drängendes Problem.

Am Vorabend hatte ich von Reeti noch eine Nachricht vorgefunden, wonach für uns leider keine Zimmer reserviert seien. In der Unterkunft sei vor Wochen das Notizbuch verschwunden, danach habe dann niemand mehr an unsere Einbuchung gedacht.

Nun bringt sie uns aber doch dorthin. Es habe sich geklärt, sagt sie. Ohne ihre Hilfe hätte hier wohl kaum etwas geklappt.

Die Straße, eine Sackgasse an beiden Enden, hat keinen Namen. Die Kennzeichen der meisten Autos sind noch handgemalt. »Verfahren kann man sich hier ja nicht«, sagt unser Kameramann trocken.

Am Wegrand stehen mit Palmgeflecht gedeckte Stelzenhütten, dann wieder eine Gruppe Häuser aus Presspappe und Holzlatten, die fast wie Fachwerkhäuschen aussehen. Ein Laden ab und zu, durch dessen Durchreiche die Dosenstapel schauen. Ein Verkäufer ist über seine Theke gebeugt eingeschlafen.

Bananen sind das einzige Obst, Gemüse wächst so gut wie gar nicht. Dem kargen Boden fehlt der Humus. Erdlöcher, die einmal als bewässerte Beete dienten und den letzten Rest fruchtbaren Bodens schützten, sind zugemüllt.

Das Quartier, das sich »Mary's Motel« nennt, besteht aus einem überdachten Innenhof mit ein paar Tischen, einer angrenzenden

Küche und zwei Gebäuden mit den Zimmern, die oberen erreichbar über Außentreppen.

Die Frauen, die zum Personal gehören, sprechen durchweg scheu und leise, sodass ich fast nach allem zweimal frage. Auch bei Reeti war mir das schon aufgefallen. Die Hitze, scheint mir, dämpft die Stimmen.

Später werde ich belehrt: In Kiribati drückt man so Respekt aus, sagt mir ein Entwicklungshelfer aus Neuseeland. Je jünger der Gesprächspartner sei, desto leiser seine Antwort. Frauen sprächen zudem verhaltener als Männer.

Moskitonetze gebe es hier nicht, flüstern sie nun, Moskitos kämen ohnehin nicht in die Zimmer. Eine Fehleinschätzung, wie ich schon nach dem Aufschließen der Tür feststelle. Neben dem Bett steht zudem das Gepäck eines Reisenden aus Queensland, der dieses Zimmer ebenfalls gebucht hat.

Bis sich auch das geklärt hat, ordern wir »Fisch vom Tage«, Knochenfisch heißt er, ist schmackhaft, aber grätenreich.

Als wir mit Reeti zur ersten Erkundungstour aufbrechen, halten wir an einer Missionsschule, um mit ein paar uniformierten Schulkindern zu sprechen. Sobald sie die Kamera sehen, kommen die jüngeren herbei. Dann kichern und posieren sie, wann immer wir aber nach etwas fragen, laufen sie alle wieder weg.

An einem Verkaufsstand neben der Straße, hinter dem Frauen Fisch anbieten, liegt am Rand platt gedrückt ein kleiner Hai. Als die Kamera von ihm zur Seite schwenkt, kommt im Hintergrund zuerst eine der Hütten ins Bild, dann ein Autowrack, in dem Kinder herumklettern, dann Plastikmüll, Dosen und Tüten, die sich auf dem Boden häufen. Abfall-Experten scheinen hier bitter nötig.

Im seichten Wasser der Lagune sehen wir Anwohner, die eigenartig auf allen vieren ruhen, nur Kopf und Schulterpartie schauen aus dem Wasser. Die Uferhütten, manche kaum größer als eine Futterkrippe in einem deutschen Wald, haben nun mal keine Toiletten.

Inzwischen wird mir klarer, warum Tonga vor Jahren eine Reihe simpler Straßenlampen als Sprung in die Moderne deutete.

Der Entwicklungshelfer schildert mir später, dass Tarawa vor ein paar Jahren noch eine einzige Müllhalde war. Sturmfluten und Wind hätten den Abfall regelmäßig aus wilden Kippen auf dem Landstreifen verteilt.

Nun hat die Regierung zwei Pick-ups angeschafft, die in den Dörfern Müll einsammeln sollen, und mit ausländischer Hilfe zwei umzäunte Deponien angelegt. Zudem sollen Dosen, Hartpappe und Plastikmüll gesammelt und verwertet werden.

Der Hotelbesitzer, der dem Reformgremium der Insel angehört, winkt jedoch nur ab, als ich ihn frage, wie denn das Projekt vorankomme. Eine Deponiewanne sei mit Wasser vollgelaufen, sagt er. Die Pumpe, die dies verhindern sollte, sei kaputt. Und die Menschen würden ohnehin weiter alles da hinwerfen, wo sie gerade seien.

Wäre hier Dosenpfand schon eingeführt, man könnte fast reich davon werden. Am Strand neben der Straße türmen sich immer wieder Abfalltüten. Die Fahrbahn ist gepflastert mit staubigen Getränkedosen, so platt gefahren wie Taveunis Frösche.

An einem Strandabschnitt, der vergleichsweise sauber aussieht, biegen wir ab. Vor einem Haus dampfen zwei Töpfe auf einer steingesäumten Feuerstelle. Wir fragen nach, was es denn gibt. In einem Kessel rührt der Mann Schweineschwarten um, damit sich Fett absetzt. Später, erklärt er uns, nutze er das als Schweineschmalz.

Im anderen Topf köchelt seit drei Stunden Schweinefleisch inklusive eines ganzen Kopfes, bedeckt von Blättern und Kokosnusshälften. Das werde das Abendessen, sagt die Frau und reicht mir ein Stück Fleisch zum Probieren.

»Lecker, aber ziemlich salzig«, sage ich. »Da haben Sie wohl ganz schön zugewürzt.« »Überhaupt nicht«, sagen sie, »das kommt vom Meerwasser, das wir benutzen.«

Hunde liegen lang gestreckt neben der Feuerstelle. In der offenen Hütte schlafen zwei Alte nebeneinander auf dem Boden.

Am Ufer türmen sich sandgefüllte Säcke zu einem Stützwall. Auf Tarawa ist dies das ortsübliche Mauerwerk. Auch die Hafeneinfahrt und die Wand der neuen Deponie sind so befestigt worden.

Kiribati ist einer von vier Staaten, die laut UNO im Falle, dass der Meeresspiegel weiter steigt, als bedroht gelten. Die anderen sind Tuvalu, die Marshallinseln und der Kleinstaat Tokelau weiter im Süden. Zwei unbewohnte Flachinseln, die einmal »Tebua Tarawa« und »Abanuea« hießen, sind bereits von Kiribatis Seekarte verschwunden. Das Meer hat sie geboren, nun hat es sie wieder genommen.

Am Nebentisch in unserem Hotelhof nehmen am Abend einige Weltbank-Berater Platz, die an einem Bericht über den Bildungs- und Gesundheitsstand auf Kiribati arbeiten. Zwei kommen aus Amerika, zwei aus Neuseeland, einer ist aus dem Sudan.

Die Regierung wolle das Erscheinungsbild des Landes verbessern, sagen sie, was auch in vielen Punkten nötig sei. Es fehle an Eigeninitiative und Verantwortung, sowohl in der Regierung als auch bei den Bewohnern. Die Leute kümmerten sich meist um nichts und lebten einfach in den Tag hinein. Ich frage sie nach einem Beispiel.

»Englisch«, sagt einer aus der Runde. »Jeder Schüler soll hier in der Schule Englisch lernen, so steht es im Gesetz. In Wirklichkeit aber passiert nichts, weil es die Lehrer ihnen nicht beibringen.« Was sie da rieten, frage ich weiter. »Sie müssen Tests einführen«, sagt er, »und die, die dabei gut abschneiden, belohnen, und zwar bei Schülern wie bei Lehrern.« Dann müsse man das Gehaltsgefüge staffeln, je nachdem, ob ein Lehrer in Englisch unterrichten könne oder nicht.

Um halb neun gehen die Lichter aus. Stromausfälle gehören hier zum Alltag. Die Dieselgeneratoren, die das Atoll zentral versorgen, sind alt und überlastet. Das Personal wirft den hauseigenen Generator an. Nun wird es zwar hier und da wieder hell, aber es knattert wie auf einem Fischkutter.

Tag achtunddreißig

Die Nacht war heiß und unruhig. Der in ein Fensterviertel eingebaute Klimaapparat mindert zwar die Hitze etwas, hält einen aber dafür mit seinem Brummen wach. Zwischen beidem hangelte ich mich bis in den frühen Morgen durch den Schlaf.

Um acht Uhr treffen wir Noketi. Die zweigeschossigen Büros in Tarawas Regierungsviertel, die eigentlich nicht mehr als eine Kommunalverwaltung sind, stehen etwas abseits der Straße.

Wir finden ihn an einem von fünf Schreibtischen im letzten Raum. Er ist Mitte dreißig, trägt ein gelbes T-Shirt, läuft barfüßig wie alle hier und kaut unablässig Kaugummi.

Auf einer Karte zeigt er uns das Staatsgebiet: dreiunddreißig Inseln, 3,5 Millionen Quadratkilometer Seefläche, 74 000 Einwohner. »Etwa die Hälfte davon lebt auf Tarawa«, sagt er. Müll sei auf den Außeninseln nur dort ein Thema, wo Taschenlampen als Hauptlichtquelle dienten und folglich Batterien zu entsorgen seien. Ansonsten verbrauchten die Familien dort lediglich, was aus dem Meer komme oder auf Bäumen wachse.

In Tarawa aber sei »Western Waste« inzwischen zum Existenzproblem geworden, Verpackungs- und Wohlstandsmüll, mit dem man nicht umgehen könne. Der Landstreifen sei übervölkert. Täglich komme neuer Müll hinzu, ohne dass der alte irgendwo verschwinde.

»Die Leute haben gelernt, wie man Laub verbrennt, aber nicht, was man mit Dosen macht«, sagt er.

Noch bevor die Hütten hier im Meer versinken könnten, scheint es, gehen sie womöglich in ihrem eigenen Abfall unter.

Wir fahren mit Noketi über die Insel. An einer wilden Müllkippe machen wir halt. Die aufgestellten Säcke der Recyclingfirma, mit Aufschriften für Dosen, Flaschen und Hartpappe, sind nahezu leer. In jedem Sack liegen nur ein paar leere Büchsen. Die Menge entspricht in etwa dem, was überall sonst auch herumliegt.

»Es gibt hier noch kein Gesetz, das es verbietet, Müll überall hinzuschmeißen«, sagt er. Es sei aber in Arbeit. An den Schulen versuche man zudem, wenigstens den Kindern beizubringen, dass sie ihre Umgebung sauber hielten. Auch eines der Dörfer sei erstmals als das sauberste der Insel ausgezeichnet worden.

Wir setzen den Weg in Richtung Südspitze fort, bis wir bemerken, dass wir tanken sollten. Doch an der ölverschmierten Zapfsäule, zu der wir uns über einen Holperweg heranarbeiten, ist niemand, der nach Tankwart aussieht. Dann ruft uns eine Stimme etwas zu.

»Kein Strom«, übersetzt Noketi. Die Stimme kam aus einer Hängematte, die ebenso veölt ist wie die Säule. Erst in Hafennähe haben wir später mehr Glück.

Als wir auf den Platz einbiegen, wo die Recyclingfirma sein soll, sehen wir ein paar Container. In einem schichten zwei Frauen Pappe aufeinander, Lage um Lage bis zur Decke. Daneben stampfen sie später Dosen in einer kleinen Metallpresse zu Blechpaketen ein.

Zwischen einer Halde Altglas und einem Berg bunter Dosen finden wir Müllmanager Laurence Bainane. Auf seinem Tisch liegt ein zweiseitiger Projekt-Newsletter. »Rubbish News« lautet der Titel, Abfallnachrichten.

Der Holzverhau, in dem Laurence schwitzend seinen Containerplatz bewacht, wird darin zu einer »modernisierten Verwaltungseinheit« hochgeschrieben. Die kaputten Fenster seien durch aufklappbare Holzläden ersetzt worden, heißt es, sodass ein »cooler« Arbeitsraum entstehe.

Der Zeitungskopf nennt Geldgeber aus Japan, Neuseeland und Australien sowie die UN-Entwicklungshilfeorganisation, sodass man meinen könnte, hier sei ein neuer Stadtteil hochgezogen worden.

Ob das Projekt Erfolg hat, kann Laurence noch nicht sagen. »Der Plan ist, beim Verkauf pro Dose fünf Cent mehr zu verlangen und jedem vier Cent zurückzugeben, der später die leere Dose abgibt«, sagt er. Wer dem Projekt das Altblech abnimmt, wisse man noch nicht. Ein Käufer werde noch gesucht, viel hänge vom Marktpreis für Recyclingware ab und natürlich von den Frachtkosten auf See.

Später wollen die Projekterfinder über das gleiche Netzwerk, nur bei erhöhtem Pfand, auch Kühlschränke und Autowracks einsammeln. Auch wenn der Anfang hier womöglich nun gemacht ist – das Einzige, was hier bisher tatsächlich recycelt wurde, ist die Bürobude.

Als wir hinaus auf die Lagune schauen, fragen wir uns, wie viel Pfand wohl für ein Schiffswrack angemessen wäre. Allein vor der Hafeneinfahrt gammeln fünf auf Grund liegende Wracks vor sich hin. Am jeweiligen Verfallsgrad lässt sich ablesen, in welcher Reihenfolge sie aufgegeben wurden. Noketi ist das etwas peinlich, zumal es sich durchweg um frühere Regierungsschiffe handelt. Als Fischerei- und Frachtkutter brachten sie Stückgut und Treibstoff auf die Außeninseln.

Dass Müll als Thema keine Freude machen würde, wusste ich. Nun aber bin ich fast verärgert, denn die Atolle könnten tatsächlich wunderschön sein. Selbst wenn jemand gerade fegt, bleibt meist die Hälfte liegen, als ginge es gar nicht darum, seine Umgebung tatsächlich zu säubern.

Auf dem Rückweg gibt Reetis Wagenbatterie den Geist auf. Im Hotel herrscht wieder Stromausfall, und über mein Bett zieht eine Endloskarawane Ameisen. Fehlt nur noch ein Telefonat mit Hamburg, das mit »... und dann noch einen schönen Urlaub!« endet.

Tag neununddreißig

Das Krähen der Hähne dringt durch die Fensterritzen, begleitet von aufgedrehten Musikanlagen vorbeifahrender Autos, die einen mal mit Rap, mal mit anatolisch anmutenden Gesängen ab sechs Uhr aus dem Schlaf reißen.

Am Morgen frage ich Noketi, warum es eigentlich auf Tarawa so viele Autos gibt. Auf anderen Inseln, die vom Entwicklungsstand vergleichbar scheinen, Pukapuka etwa, gab es eher Mopeds. Dafür waren die Häuser besser ausgestattet.

Auch all die Autos zählen später zum »Western Waste«. Tarawas Straße ist die letzte, die sie je befahren. Der Schrott belagert einen ganzen Küstenabschnitt.

Jeder Verwaltungsmitarbeiter erhalte für den Autokauf Kredit, erklärt er mir. Der reiche für einen Gebrauchtwagen aus Japan. Die Verwaltung ist auch hier der größte Arbeitgeber, auch wenn sie kaum etwas verwaltet. Und Ewigkeiten braucht, um das Vermüllen ihrer Insel zu verbieten.

Damit Kiribati nicht ganz zum Kellerkind unserer Reportage wird, hatte uns eine Frau vom Ministerium eine Bootsfahrt über die Lagune vermitteln sollen. Doch wir haben nichts mehr von ihr gehört. Deshalb fahren wir zu Reetis Büro, das auch als Anlaufstelle für Touristen ausgewiesen ist.

Drinnen stehen neue PC-Klötze auf den Tischen. An Flachbildschirmen legen die Mitarbeiterinnen nun Patiencen. Die Chefin sei leider noch nicht da, sagt eine. Wann sie denn komme, frage ich. »Normalerweise um acht«, erwidert sie. Nun ist es zehn.

Dann fällt mir wieder unser Vorsatz ein, ab heute wohlwollend zu sein. Mein Blick streift den Kalender-Slogan »Kiribati: Entdecken Sie den Zauber Mikronesiens«.

Da auf einer Wandtafel auch etwas von Bootsvermittlung steht, frage ich die Frauen, ob sie uns denn zu einer Tour verhelfen könnten. Nach etlichen vergeblichen Telefonaten verlässt eine der Frauen das Haus. Später bringt sie uns zu einem Fischer. Der werde uns zu einer Stelle fahren, sagt sie, wo die Einheimischen gern Picknick machen. Die Regierung habe sie vor Jahren angelegt.

Das Boot liegt vor dem Haus am Strand. Andere Fischer sind gerade mit ihrem Morgenfang zurückgekehrt. Nun sitzen sie im seichten Wasser, das sich um sie herum blutrot färbt. Nach und nach nehmen sie hier die Fische aus und werfen die Innereien hinter sich.

Im Sand umkreisen Fliegen einen stinkenden, hohläugigen Thunfischkopf. Ein Mädchen spielt daneben mit vom Salzwasser verwaschenen CDs.

Wie es denn komme, dass er Englisch spreche und die anderen Fischer nicht, frage ich unseren Bootsführer, als wir hinausfahren. »Bis vor ein paar Jahren noch galt Schule hier als Zeitverschwendung«, erzählt er uns. Deshalb hätten die Fischerjungen ihr Leben lang keine besucht.

Der Mann, der Ebou heißt, war an der Marineschule, die hier internationale Reedereien betreiben. Drei Jahre lang fuhr er danach zur See. Am Ende schwärmt er sogar davon, dass er schon mal kurz in den Häfen von Hamburg und Travemünde war.

Die Matrosenschule ist für Kiribatis Jugend ein Sprungbrett in die Welt. Wie die »Cookies« von Neuseeland und die Wallis-Auswanderer aus Neukaledonien schicken auch die Matrosen einen Teil des Lohns nach Hause. Nur dass sie nicht anderswo neu anfangen, sondern befristet die Weltmeere bereisen. Die Übervölkerung und die Jobmisere mindern sie deshalb nur vorübergehend.

»Die Matrosenarbeit ist nur ein Job für Singles«, sagt Ebou. Er habe dann geheiratet und sich das Boot gekauft, mit dem er nun Transporte fahre oder selber Fische fange.

Das Boot ist schlicht, es hat weder einen Aufbau noch ein Dach. Die Sonne brennt auf unsere Rücken. Mangels Mütze stülpt sich der Tonmann seine Badeshorts über den Kopf. Bereitwillig stellt er sich danach zum Fototermin. Mit der Stange in der Hand, die das Windmikrofon hält, sitzt er nun auf dem Bootsrand wie eine Kreuzung aus Nachtschwester und Don Quichote.

Nach etwa einer Stunde Fahrt über die glattblaue Lagune schieben wir das Boot den Bug voraus den Strand hoch. Der weiße Sand und die Lagune sind schön wie ein Prospektfoto.

An einem kleinen Loch im Sand kniet Ebou sich nieder. Kurz darauf zieht er einen faustgroßen Krebs hervor. Als er ihn fallen lässt, rennt dieser mal längs, mal quer zum Wasser. Den würde er nicht kochen, sagt er, sondern als Köder nehmen, um Großfische zu fangen.

Hinter dem Strand stehen schattige Hütten für Besucher. Sogar ein Häuschen mit Duschen und Toiletten gibt es. Ein Hausmeister, sagt Ebou, wohne in der Nähe. Von der Regierung werde er dafür bezahlt, dass er hier die Umgebung sauber halte.

Mag sein, dass er zu schlecht bezahlt wird. Jedenfalls entpuppt sich auch dieser Fleck als Dosenfriedhof. Aber eigentlich hatten wir das schon erwartet. Für eine halbe Stunde setzen wir uns in den Schatten und genießen – den Müllberg im Rücken – die Sicht auf Boot und Bucht.

Ob er auf Tarawa geboren sei, frage ich Ebou. »Nein, auf einer Außeninsel«, sagt er. »Was macht den Unterschied aus?«, will ich wissen. »In Tarawa ist es modern, da gibt es viel zu kaufen. Da draußen isst du dein Leben lang nur Kokosnüsse.«

Wie weit wir auch reisen, selbst das abgelegenste Atoll, das kleinste Dorf, so scheint es, birgt für andere noch den Reiz des Zentrums, des Aufbruchs in die Welt.

Für die einen wird es zur Durchgangsstation, für andere bleibt es, wie für die Matrosen hier, bei einem Ausflug in die Fremde. Nur wenige aber kommen, nachdem sie ihren Blick geweitet haben, freiwillig zurück und schätzen fortan ihren Heimatduft, den ihnen diese Welt nie bot.

»There is no place else like home«, lobte uns gegenüber einmal eine Reisbäuerin auf den Philippinen die Einzigartigkeit jeden Zuhauses. Wissend, dass dies der ihr zugedachte Platz war, stapfte sie glücklich hinter ihrem Wasserbüffel her.

Auch umgekehrt haben wir die Rangfolge von Einöde und Zentrum schon erlebt. Zuletzt beherbergte uns ein Perlenzüchter auf Manihiki, das zu den Cookinseln gehört, in seinem Haus, das einsam abseits des nächsten Dorfes steht. Der Ort ist nur ein Flecken mit fünf Häusern.

Es sei ihm dort zu stressig, erklärte er uns mit der gleichen Ernsthaftigkeit, mit der man auch von Tokio hinaus nach Yokohama oder von Frankfurt in den Rheingau zieht.

Tag vierzig

Um neun Uhr bringt uns der Hotelbesitzer in seinem Van zum Flughafen. Als er hört, dass unser Nauru-Visum abgelehnt wurde, empört er sich über Australien, das er ohnehin nicht mag.

Auch auf die Briten schimpft er. Die hätten hier eine Phosphat-Insel ebenso entstellt wie Nauru und die Bewohner dann nach Fidschi umgesiedelt. Die Entschädigung sei lächerlich gewesen und habe nur dem Zweck gedient, der Welt zu zeigen, dass man ja etwas gezahlt habe.

Tatsächlich sind die Unterschiede zwischen den Kolonialmächten da nicht sehr groß. Auch die Deutschen haben in Mikronesien Phosphatminen betrieben, ohne die Bewohner, denen das Land gehörte, jemals dafür zu bezahlen. Vielmehr nahmen sie, wie Zeugen später schilderten, die Häuptlinge mit hinaus auf hohe See und stellten sie dort vor die Wahl, nachträglich die Verträge abzuzeichnen oder zurückzuschwimmen.

Nach den Deutschen betrieben Japaner und Amerikaner jene Minen weiter. Auch sie zahlten nie eine Entschädigung.

Als uns eine neue Regierungslimousine entgegenkommt, klärt mich unser Fahrer über Kiribatis diplomatisches Geschick auf, mit dem es seine kargen Staatseinnahmen aus Steuern, Kopraexport und dem Verkauf von Fischereirechten aufbessert.

Die Autos seien ein Geschenk der Republik Taiwan, sagt er, dafür, dass Kiribati Taiwan anerkennt und nicht Festlandchina, obwohl Peking Taiwan nur als abtrünnige Provinz ansieht. Die Taiwanesen, die sich derartige diplomatische Erfolge oft von Kleinstaaten erkaufen, um ihre Eigenständigkeit zu untermauern, bauten hier auch eine neue Sportstätte.

Viele Kleinstaaten nutzen diese Gunst der Taiwanesen aus, um nach Empfang der Spenden dann das Gleiche noch einmal von Peking zu kassieren und Taiwan wieder die kalte Schulter zuzuwenden.

Papua-Neuguinea hatte es so gemacht. Kiribati und die Marshallinseln aber hielten es umgekehrt. Den Bau der Sportarena hatte Peking noch begonnen. Und auch die PCs im Ministerium kamen noch aus China. »In Peking waren sie ziemlich sauer, als sie den

Wechsel mitbekamen«, lacht der Hotelchef, als er am Flughafen vorfährt.

Kurz nach Mittag startet »Air Nauru« mit uns zum Weiterflug in Richtung Marshallinseln. Draußen sehe ich das weiß strahlende Atoll verschwinden und wünschte fast, wir wären nie gelandet. Je weiter wir uns allerdings entfernen, desto mehr ist mir, als tue ich seinen Bewohnern Unrecht, die hier Armut und Klima Jahr für Jahr ertragen.

Über ihren Eigenanteil an der Not haben wir auch im Team oft diskutiert. Die Achtlosigkeit gegenüber ihrem eigenen, begrenzten Lebensraum jedoch fanden wir alle unerklärlich.

Auch einen Staatspräsidenten Kiribatis hat es schon verzweifeln lassen. »Die Leute hier«, bilanzierte er, »sehen schlichtweg nicht, wie schmutzig dieser Ort ist.«

Marshallinseln

Das verratene Atoll

Eine knappe Stunde nach dem Start in Kiribati windet sich das Atoll Majuros unter uns, geformt als halber, lückenhafter Ring.

Der Landstreifen ist nahezu durchgängig gleich schmal, nur wenig Strand ist hier und da noch vorgelagert, Palmen spenden etwas Grün, aber das Gros der Fläche ist besiedelt.

Schon aus der Luft hat es den Anschein, als landeten wir in einer Vorstadt, die auch in Amerikas Mittlerem Westen liegen könnte.

Die Einreisebeamten blicken aus zwei Boxen durch die Scheibe wie aus den Umkleidekabinen im Freibad. Vor beiden liegt jeweils ein Stempelkissen, den Stempel müssen sie sich teilen.

Wer ihn benutzt hat, legt ihn mit langem Arm hoch auf die Zwischenwand, damit er auch dem Nachbarn wieder zur Verfügung steht.

Fast erleichtert es mich nach all dem Müllfrust, wieder einmal zu sehen, wie Menschen ein Problem gelöst haben. Auch Gepäckkarren gibt es nun wieder. Sie kosten allerdings, wie schon in Amerikanisch-Samoa, »nur einen Dollar Miete«, die von einem Aufpasser kassiert wird.

In solchen Momenten muss ich an meine Ankünfte in Hamburg denken, wo einem nach dreizehn Stunden Flug aus Japan stets die Euromünze fehlte, die man dort wie im Supermarkt als Pfand braucht, um an einen Handwagen zu kommen.

In ganz Asien ist mir nicht so viel Provinzialität begegnet. »Das Geld kriegen Sie ja wieder, wenn Sie den Wagen abgeben«, hielt man mir jedes Mal entgegen. Ausgerechnet Hamburg, das sich so großmännisch und weiterfahren gibt – vom Tor zur Welt sieht man zuallererst den Münzschlitz.

Als wir nach Majuro hineinfahren, schauen uns bunte Häuserfronten an. Die Menschen tragen wieder Schuhe. Selbst an Flipflops ist die Luxurierung nicht vorbeigegangen: Wem etwas zusätzliche Größe nötig erscheint, der latscht auf Plateausohlen aus Gummi.

Dann aber folgen auch hier die ersten Schrotthalden, Autowracktürme, Containersiedlungen und Slums. Danach wechseln sich Supermärkte, Lagerschuppen, Bars und eher unwirtliche Restaurants ab. Wie eine Hafenmeile krümmt sich Majuros Hauptstraße an der Lagune entlang, im Rücken das offene Meer.

Wir wohnen in Hüttenbungalows an der Lagune. Die Räume riechen streng nach Putzmittel. Nach Kiribati halten wir Putzwahn aber noch für ein angenehmes Gegengift.

Mittags kehren wir beim Koreaner nebenan ein. Auch Sushi probieren wir in den nächsten Tagen. Die Thunfischhappen liegen jedoch hier auf dem Reis wie Steaks: T-Bone-Sushi, scherzen wir, willkommen in der amerikanischen Einflusszone.

In seinem Büro nahe dem Hafen treffen wir den Vertreter der Bevölkerung Bikinis, Jack Niedenthal. Die Wände hängen voll mit Schwarzweißfotos, manche sind gerahmt. Der Abtransport der Bikinianer von ihrer Insel, der letzte Gottesdienst in ihrer kleinen Inselkirche, Atompilze mit Namen »Baker« oder »Bravo«.

Es war 1946, als die US-Regierung die Bewohner um den Gefallen bat, Bikini »vorübergehend« zu verlassen. »Zum Wohle der Menschheit« wolle man hier eine neue Waffe testen, die das Ende aller Kriege auf der Welt bedeute.

Ihr Häuptling willigte damals mit den Worten ein, dass er das Schicksal der Insel und seiner Bewohner nunmehr »in Gottes Hände« gebe. Bis heute warten die Überlebenden darauf, dass sie zurückkehren können auf ein wieder bewohnbares Bikini.

»Den Gottesdienst mussten sie damals mehrfach durchspielen, bis alle Kamerapositionen bedient waren«, sagt Jack. Der Häuptling habe seine Antwort wie nach Drehbuch wiederholt. »In den Berichten hieß es dann, die Leute auf Bikini seien Seenomaden, denen der Umzug nicht viel ausmache. Dabei ist die Bindung der Leute an ihr Land das Wichtigste, was es hier gibt«, erklärt Jack. Seit Jahrhunderten lebten hier alle auf ihren angestammten Inseln.

Ich frage, ob sie sich auch hätten weigern können. »Amerika hatte hier gerade die Japaner besiegt, die wie die Herren der Welt aufgetreten waren. Die US-Uniformen waren mit Sternen geschmückt. Die Soldaten verteilten Nahrungsmittel«, sagt er. »In allem waren sie sichtbar überlegen. Die Menschen vertrauten ihnen wohl tatsächlich so, wie sie auf Gott vertrauten.«

Jack kam nach dem Studium als Helfer des US-Friedenscorps hierher und blieb zunächst drei Jahre. Inzwischen ist er über zwanzig Jahre hier. Ihn habe der Zusammenhalt fasziniert. So sehr, dass er lieber hier bleiben wollte, als wieder nach Amerika zurückzukehren.

Heute ist er mit einer Bikinianerin verheiratet, hat Kinder, einen Pass der Marshallinseln und spricht die Sprache der Bewohner.

Wie Amerika mit diesen Menschen umgegangen sei, habe Henry Kissinger, der spätere US-Außenminister, wohl am treffendsten zusammengefasst. »Es sind nur 90 000 Menschen da draußen«, habe er einmal gesagt, »wen kümmern die!« Das Zitat stammt aus dem Jahr 1969, als die USA die Marshalls erneut für Militärtests auswählten, diesmal als Raketenstandort.

Für die nächsten beiden Tage vereinbaren wir einen Besuch auf der Nachbarinsel Ejit, wo ein Teil der umgesiedelten Bikinianer lebt.

Und Tauchgänge zu Wracks, die das US-Militär hier auf dem Lagunengrund zurückgelassen hat.

Die Kolonialmächte hatten sich auf diesen Inseln mehrmals abgewechselt. Zuerst kamen die Spanier, dann die Deutschen, nach dem Ersten Weltkrieg schließlich Japan, nach dem Zweiten Weltkrieg die USA. Den Namen erhielten die Marshalls von einem Kapitän gleichen Namens.

Tag einundvierzig

In meinen Unterlagen lese ich nach, wie ein Atollstaat die Vorgaben der Geografie verfehlt. In der Rubrik »höchste Erhebung« steht da »unbenannter Ort, zehn Meter«.

Im Lokalblatt »Marshall Islands Journal« stoße ich dann wieder auf Westmüll: Eine Umweltstudie habe ergeben, heißt es da, dass in der Seewirtschaftszone um die Marshallinseln fast fünf Milliarden Abfallteile schwimmen.

Gegen neun Uhr sind wir mit Jerry Ross verabredet, einer Tonne von Mann. Er kennt hier jedes Unterwasser-Wrack. Vor dem Kai liegt ein Boot bereit. Der Skipper lädt die Tauchflaschen ein. Kurz darauf passieren wir ein Schiffswrack. »Was geschieht damit?«, frage ich Jerry.

»Der Schrotthändler verwertet alles, was noch zu gebrauchen ist. Wenn das Wrack ausgeschlachtet ist, versenkt man es in der Lagune, damit sich Korallen darauf ansiedeln und so ein neues Riff entsteht. Außerdem haben wir dann wieder etwas zum Tauchen«, sagt er.

Schiffskörper, die Asbest oder Öl enthielten, würden eher im offenen Meer versenkt, wo sie in der Tiefe niemandem mehr schaden könnten.

»Aber meistens diskutieren sie hier so lange darüber, was zu tun ist, bis das Wrack von selbst versinkt, da wo es gerade ist«, lacht Jerry und – Bula-Land ist überall – kommt auf das ortsübliche Zeitgefühl zu sprechen. »Die Dinge, müsst ihr wissen, gehen bei uns recht langsam voran. Wer die Geschwindigkeit hier noch verringern will, müsste die Menschen rückwärts laufen lassen.«

Wir fahren an den Atollinseln entlang. Da Ebbe ist, verbindet das aufgetauchte Riff sie mit Majuros Hauptinsel. Eine Frau läuft langsam über die Korallentrümmer von einer Seite auf die andere. Ein Schwein stöbert nach Fressbarem.

Auf diesen Inseln leben nur zwei oder drei Familien, die Kokosnüsse ernten, Wurzeln oder die Früchte des Schraubenbaums, eines märchenhaft wirkenden Gewächses mit Luftwurzeln und windungsreichen Ästen.

Das Atollland, das durchweg Dörfern und Familien gehört, wurde hier stets der Mutterlinie nachfolgend vererbt. »Die Männer waren ja immer fischen oder jagen«, sagt Jerry, »da wusste man nie so genau, wer zu welchem Haus gehört. Die Frauen bekommen die Kinder, diese Bindung ist offensichtlich und eindeutig. Also hat man die Familien nach den Müttern benannt.« Diese Regel gelte bis heute.

Mein alter Universitätsprofessor würde hier an Land gehen und die Bewohner fragen, ob er die Schlafstätten abzählen darf. Der Mann war mit Hingabe Familiensoziologe. Jerrys Zitate würde er freudig übersetzen – in Matrilinearität und Polyandrie.

Nahe einer Boje hält der Skipper unser Boot an. »Unter uns neigt sich der Inselhang hier steil hinab«, sagt Jerry. »Der Fuß des Abhangs bedeckt den Flügel eines US-Kampffliegers, den die Japaner damals abgeschossen haben. Der andere Flügel, das Cockpit und der Rumpf sind noch erhalten.« Der Pilot habe sich seinerzeit retten können. Noch vor den feindlichen Linien sei er hier notgelandet.

Als wir das Wrack in dreißig Meter Tiefe finden, sehen wir es bedeckt von wuchernden Korallen, die sich wie gelbe Finger nach oben recken. Dazwischen tummeln sich bunte Fische. Ein Oktopus verkriecht sich in sein Felsenloch, die Saugnapf-Arme um sich kringelnd.

Das zweite Wrack, auf das wir stoßen, war ein leichter Doppeldecker, der nun auf dem Rücken liegt. Die Flügel sind nur noch als Gitterwerk erkennbar, die Bespannung ist verrottet. Eine Späh- und Aufklärungsmaschine, erklärt uns Jerry nach dem Tauchgang.

Was Flotten und Armeen hier verloren haben, wird nun langsam vom Meer erobert. Der Flugzeugrumpf verfällt, Korallen wachsen aus dem Cockpit, in den Hohlräumen nisten Fische. Sogar die feste Bojenleine, an der entlang wir wieder aufsteigen, gibt flaschenartigen Gebilden Halt, aus denen zottelige Fische schauen.

Im Boot fragen wir Jerry, wie er es empfindet, der späte Nutznießer von Kriegsschlachten zu sein. »Die Wracks sind gut für uns, auch wenn ich mir wünschte, dass sie unter anderen Umständen hierhergekommen wären. Aber so ist die Welt. Man muss das Beste daraus machen«, sagt er. »Ich hätte nichts dagegen, wenn alle Kriegsschiffe der Welt allein für Taucher da wären.«

Dann zeigt er uns den letzten Ort, den er »Parkplatz« nennt. Nach Kriegsende versenkten die abrückenden Truppen hier einen ganzen Fuhrpark aus Militärlastern und Tankfahrzeugen.

Als wir darüber hinwegtauchen, sehen wir die verrosteten Vehikel im Sand feststecken wie ein Treck, der in der Wüste liegen blieb. Kotflügel, Kühler, die Halbkugeln der Lampen sind manchmal noch vorhanden, auch Lenkräder und Stahlseiltrommeln über den robusten Stoßstangen.

Jerry, der unter Wasser wie ein kleines U-Boot trieb, weil er nahezu ohne jede Beinarbeit auskam, war nicht nur der originellste

Tauchbegleiter, den wir hatten, sondern auch der beste. Stets hatte er alles im Blick: die Drehmotive und Kamerawinkel, die Luftreserven, die Extrazeit für Dreh- und Aufstiegspausen.

Tag zweiundvierzig

In Jacks Büro zeichnen wir ein kurzes Interview auf. Der zynischste Teil der Geschichte hier sei für ihn noch immer, dass die Vereinten Nationen die Amerikaner nach Ende des Pazifikkrieges eigentlich beauftragt hatten, Gesundheit und Wohlergehen der Inselbewohner zu beschützen und zu fördern, sagt er. »Zur gleichen Zeit bombardierten sie deren Lebensraum und ließen die Menschen, die dort wohnten, auf anderen Inseln hungern.«

1954 zündeten die Amerikaner eine Wasserstoffbombe mit der tausendfachen Sprengkraft der Hiroshima-Explosion. Zuvor ignorierten die Militärs die Windvorhersagen ihrer eigenen Experten und setzten so auch die bewohnten Nachbarinseln dem atomaren Niederschlag aus.

Kinder spielten dort arglos in der radioaktiven Asche. Menschen, die nie jemand auch nur gewarnt hatte, verloren ihre Haare und starben an den Folgen der Verstrahlung. Andere wanden sich unter Krämpfen, bis zwei Tage später Schiffe kamen, um sie abzuholen, damit Wissenschaftler sie untersuchen konnten. Die Überlebenden berichteten, sie hätten an einem Tag zweimal die Sonne aufgehen sehen. Die zweite Sonne, die sie zu sehen meinten, war die Explosion der Bombe.

Auf einem japanischen Schiff, das damals ahnungslos in den Gewässern unterwegs war, erlitt ein Seemann später den Strahlentod.

Jahrzehnte danach schlossen die Marshallinseln mit den USA einen Partnerschaftsvertrag, der im Falle Bikinis insgesamt 190 Millionen Dollar Fondsvermögen vorsah, großteils für Dekontaminierungs- und Umsiedlungsmaßnahmen. Aus dem Fonds finanzieren die Umgesiedelten und ihre Nachkommen bis heute auch Gesundheitsvorsorge, Schulen, Auslandsstipendien und Gutachten über den Zustand des Atolls.

Als angemessenen Betrag für den Gesamtzeitraum errechnete im Jahr 2001 ein internationales Tribunal 563 Millionen Dollar, unter anderem für Wertverlust, Sanierungskosten und die erlittenen Schädigungen an Leib und Leben.

Die Summe wird wohl nie gezahlt werden, denn im Assoziationsvertrag steht auch, dass die Bewohner Washington nicht mehr auf Entschädigung verklagen können, sondern nur noch die Fondsverwaltung. Die aber hat dafür kein Geld.

»Wir müssten wieder nach Washington fahren und betteln und sie daran erinnern, was sie einst versprochen haben«, sagt Jack, als wir uns auf den Weg nach Ejit machen. »Dann sagen sie, was wollt ihr denn hier, ihr habt doch Geld bekommen.«

Nach kurzer Fahrt binden wir das Boot an Ejits Hafenmauer fest. 250 Menschen leben hier. Weitere tausend Bikinianer wurden damals auf einer lagunenlosen Insel namens Kili angesiedelt oder sind inzwischen nach Majuro in die Stadt gezogen.

»Wie wäre es für die Jüngeren, die nun woanders aufgewachsen sind, wenn Bikini tatsächlich wieder bewohnbar würde? Würden sie mitgehen, oder wären sie dann die Entwurzelten?«, frage ich Jack. »Das ist schwer zu beantworten«, sagt er. »Sicher würden manche bleiben. Aber wir drängen weiterhin darauf, dass sie alle einmal die Wahl bekommen.«

Anfang der Siebzigerjahre hatten die US-Militärs Bikini schon zur Rückkehr der Bewohner freigegeben. Nach menschlichem Erkenntnisstand sei das Leben dort nicht mehr gefährlich, sagten sie. Die Rückkehrer blieben nicht lange, denn sie erkrankten bald darauf erneut. Die Militärs hatten übersehen, dass Pflanzen, die auf Bikini wuchsen, noch immer radioaktive Stoffe enthielten, die die Rückkehrer bald in sich trugen. Einer davon war Plutonium.

Eine alte Frau, die allein vor ihrem Haus sitzt, grüßt uns. Ich frage, wie es ihr geht. »Die Beine machen nicht mehr mit«, sagt sie lethargisch, »das ist das Alter.« Ob das Leben auf Bikini anders war und ob sie sich an den Tag erinnere, an dem sie von dort fortgingen, frage ich sie.

»Hier steht Haus an Haus. Bikini war viel größer, und in der Lagune konnte man leicht fischen«, erzählt sie. »Als sie uns zusammenriefen, verstanden wir gar nicht, worum es ging. Von der Insel wollten wir jedenfalls nicht weggehen. Wir hörten nur den Häuptling immer wieder sagen, dass alles in Gottes Händen liegt.«

Als ich sie nach den Explosionen frage, lacht sie und schüttelt gleichzeitig den Kopf. »Wir bemerkten, wie plötzlich alles erschüttert wurde, schauten uns an und dachten nur, was machen die mit unserer Heimat. Aber verstanden hatten wir es noch immer nicht.«

Manche seien damals auch gestorben, nachdem man sie evakuiert hatte. Sie seien verhungert, weil die Nahrungsrationen nur für ein paar Tage gereicht hätten.

Sie sagt das, ohne sich noch darüber zu empören, wie eine, die es fünfzig Jahre lang gesagt hat. Aus dem vorübergehenden Warten wurde ihr Leben. Aus der Empörung wurde Routine.

»Aus den Menschen sind für immer Opfer geworden, das ist das Schlimmste«, sagt Jack offen. »Ihr Verhalten ist geprägt davon, ihre Mentalität hat sich verändert. Auf Bikini halfen sie sich selber. Hier erwarten sie, dass nun alles für sie erledigt wird.« Wenn der Ventilator kaputt sei, würden sie abwarten, bis der Fondsverwalter einen Elektriker vorbeischicke.

Dass die Bewohner noch immer mit der Bombe leben, führen uns die Schulkinder noch deutlicher vor Augen. Sie haben gerade Pause, als wir vor der Grundschule ankommen. Alle Kinder tragen T-Shirts, auf deren Vorderseite der Name ihrer Schule steht. Als mir das erste Kind den Rücken zuwendet, schrecke ich fast zurück. Der Aufdruck zeigt ein aufgeschlagenes Lehrbuch, aus dem ein Atompilz aufsteigt.

Darüber steht in Landessprache: »Men Otemjej Rej Ilo Pein Anij«. Ich frage die Kinder, was das denn bedeute. »Alles liegt in Gottes Hand«, sagen sie im Chor.

Einerseits befremdet mich, dass der Atompilz Bikini offenbar zu einer Identität verholfen hat, die es nun anscheinend nicht mehr missen möchte. Andererseits ist auch mir nicht klar, wie man hier weiterleben sollte, ohne sich davon geprägt zu sehen. Aber ein Schulbuch, aus dem Bombenrauch aufsteigt, als Bildungsmotto?

Zynismus sollte man Kindern noch nicht beibringen. Und es war auch nicht Gott, der diese Bomben zündete. Das konnten die Menschen schon alleine. Doch Zynismus sei es nicht, sagt Jack. Eher der Glaube, dass sich Bikini tatsächlich noch in Gottes Hand befinde.

Mir fällt Stanley Kubricks Filmtitel *Wie ich lernte, die Bombe zu lieben* ein. Das war jedoch eine Satire. Die Schulhemden aber sind ernst gemeint. So schwingt selbst bei den Opfern noch eine Art Stolz mit – auf das Besondere der Bombe.

Auf Ejits Friedhof stehen wir zwischen weiß eingefassten Gräbern. Typische Todesart hier sind strahlenbedingte Krankheiten.

Zwei Gräber gehören Jacks Familie. »Die Mutter meiner Frau starb mit neunundvierzig Jahren an Unterleibskrebs«, sagt er. Sie habe lange gelitten. Daneben liege ein Onkel, gestorben an Schilddrüsenkrebs.

Am Abend geht in der Lagune die Sonne feuerrot zwischen schwarzen Wolkentürmen unter. Die beleuchteten Fischkutter liegen am Horizont mit aufragendem Bug im Wasser, als würden sie gleich sinken. Es ist ein Bild wie vom Ende eines Krieges.

Tag dreiundvierzig

Unsere Betreuerin vom Touristenbüro hat uns zum Abschluss auf ein Ausflugsschiff gebucht, das einen Badestrand anlaufen wird.

Die Kamera bleibt im Hotel. Wir haben gedreht, was ich erhofft hatte. Einen Tag, an dem wir nicht wieder alles durch die Verwertungsbrille sehen, haben wir nötig. Auch wenn ich mir vornehme, mich nicht zu ärgern, wenn wir auf etwas treffen, das wir gerne aufgenommen hätten.

Die Sorge war unbegründet. Der Ausflug, der mit Grillwürstchen und Reis begann, endet mit dem Abschied von bierselig singenden Insulanern, die nur noch schwankend laufen können.

Im Hafen steigen wir als Erste vom Schiff, denn noch am Abend geht unsere Maschine nach Hawaii.

In einem Platzregen kommen am Flughafen Reisende angerannt, darunter eine Klasse Austauschschüler aus Japan. Sie sind behängt mit Blütenschmuck und Muschelkränzen, die Mädchen tragen geflochtene Hüte.

Die Zollkontrolle durchschreite ich als Letzter. Die Leute vom Check-in hatten unsere Gepäckabschnitte verloren. Beim Wert des Equipments, das wir mit uns führen, schien mir das zu heikel.

Als ich mich bereit erkläre, mit einer Liste der Stücknummern abzufliegen, die von der Airline unterschrieben ist, kommt einer der Mitarbeiter mit dreizehn Stickern wedelnd angerannt. Beim Abrechnen des Übergepäcks waren sie ihm zwischen die Geldscheine gerutscht.

Hawaii

Geburt einer Landschaft

Tag vierundvierzig

Drei Uhr nachts. Das Taxi vom Flughafen Honolulu zur Innenstadt schaukelt uns mehr, als dass es uns fährt. Leise surrt sein Motor. Heckflossen ziehen an uns vorüber wie in einem alten Krimi. Mit einem großen Hubraum gibt man hier noch genauso an wie damals. Müde lassen wir uns treiben.

Waikiki Beach ist eingehüllt in Dunkelheit. Im Hotel reicht es für eine Stunde Schlaf.

Der Fahrer, der uns um halb sechs wieder zum Airport bringt, redet dann unaufhörlich. Ein grauhaariger Clint-Eastwood-Typ, der es hätte bleiben können, hätte er geschwiegen. So aber schwingt seine hohe Stimme in hawaiianischen Bögen durch die Sätze, fast wie die Melodie der Wale.

Staus gebe es hier wie auf dem Festland, immer wenn sich die Karawanen aus den Ananas- und Zuckerrohrplantagen Richtung Stadtzentrum bewegten, dazu all die Immigranten, allein im letzten Jahr seien wieder 18 000 angekommen.

Und seit dem Attentat vom 11. September boome auch der inneramerikanische Tourismus. »Weil die Leute den nächsten Terroranschlag eher an der Ostküste vermuten als hier. Aber ich denke, da liegen sie falsch«, schließt er seine Gedanken ab und holt sich seine Eastwood-Aura wieder zurück.

Draußen reihen sich mehrspurig Bremsleuchten auf. Vorbei die Zeit schmaler Atollsträßchen.

Kauai, lehrt uns das Bordvideo der »Aloha Airlines«, war die erste Insel, auf der sich hier die Polynesier niederließen, und die erste, auf der man Zuckerrohr anbaute. Für uns wird sie zur ersten Insel, auf der eine Verabredung nicht klappt. Zwei Stunden lang ertragen wir am Rand der Ladezone die Endlosansage, wonach hier jeder Wagen abgeschleppt wird, der unbeaufsichtigt gelassen wurde.

Kamera- und Tonmann haben die Köpfe am gleichen Pfeiler angelehnt. Mal nickt der eine ein, mal der andere, mal beide. Ich versuche schlaftrunken, am anderen Inselende das Büro der Hubschrauberfirma zu erreichen, mit der vereinbart war, dass uns hier jemand abholen würde. Hinter dem Parkplatz erheben sich grüne Gipfel. Die ersten Kabrios rollen vorbei.

Um halb zehn begrüßt uns Dana Rosendahl, der Hubschrauberpilot, der in einem Pick-up ankommt. Die Bürofrauen, deutet er an, seien bisweilen etwas »quirky«, was ich später im Lexikon nachschlage. Er dürfte ein eigenartiges Auftreten gemeint haben, gepaart mit wenig zuverlässiger Terminführung.

Der Helikopter sei für unsere Zwecke das Beste, was es gebe, sagt er. Ein zweimotoriger Flitzer, zum Filmen ideal.

Dana ist sechsundvierzig und denkbar weltoffen. Seine Mutter ist Griechin, seine Frau stammt aus Italien, sein Vater aus Dänemark. »Seinetwegen sind wir nach Hawaii gekommen«, erzählt er mir. »Er arbeitete als Orkanexperte beim Wetterdienst.«

Durch die Plantagen fahren wir über die Insel bis zum Hangar, in dem der Helikopter wartet. Die Orte haben den verstaubten Charme des Niedergangs. Die meisten Zuckermühlen liegen still, die Dächer sind verrostet, die Schlote ohne Rauch. Die Zuckerindustrie ist auf dem Billigweltmarkt nicht mehr konkurrenzfähig.

Um besser drehen zu können, nehmen wir am Helikopter eine Seitentür heraus. Der Kameramann, der hinter dem Piloten sitzt, damit beide das Gleiche sehen, wird samt der Kamera gesichert. Ich schnalle mich vorne neben Dana an. Wir vereinbaren, dass er uns zunächst seine Lieblingsstellen auf Kauai zeigt und dann hinüber fliegt nach Niihau, das als Hawaiis »verbotene Insel« gilt.

Kurz darauf heben wir wie von einem Seil gezogen ab. Das erste Ziel ist der Canyon im Innern Kauais. Er beginnt als weites Tal, an dessen Hochufer entlang sich eine Straße windet. Dann ragen seine Wände so jäh, zerfurcht und von den Erdschichten gemustert in die Tiefe, als habe man den Colorado River aus Arizona hierher umgeleitet.

Danach nähern wir uns dem ersten Wasserfall. Ein Bergbach stößt über die Klippe und übergibt seine weiß schäumende Fracht dem freien Fall. Die Kamera streift ihn von unten nach oben, den Blick erweiternd, während Dana seinen Hubschrauber weiter hochzieht und sich dann wieder zum Talkessel eindreht.

Die Anblicke rauben uns den Atem. Alles vor und unter uns ist in Bewegung, verschiebt sich ineinander oder öffnet sich. Bergkämme geben Geheimnisse preis, sobald der Hubschrauber über sie hinwegzieht. Im Film werden diese Bildsequenzen kaum einen Text ertragen, sondern als »Hingucker« allein mit Musik unterlegt.

Weiter im Norden fällt mehr Niederschlag. Die Felswände sind nun bewachsen. Da es kein Wald ist, sondern nur Gestrüpp, wirken sie dennoch wie nackt. Dana fliegt so nah über die Kämme, dass vor ihm die Warnleuchten aufblinken.

Unser Hubschrauber sinkt zu den Klippen hinunter, um Höhlen und Schluchten auszuspähen und wieder daran hochzuklettern. Wie ein Kathedralendach erscheint der Hang. Felsspitzen ragen hervor wie Dolche. Jeder Flusslauf führt hier zum größten Teil senkrecht hinab.

Es ist gar keine Landschaft, die wir sehen, sondern erst der Prozess, der eine entstehen lässt. Täler sind noch keine Täler. Sie werden erst zurechtgeschnitten. Alle Kämme sind noch scharf geschliffen. Um Bergrücken zu formen, hatte die Natur hier nicht die Zeit.

Als blicke man in eine Werkstatt, in der sich unsichtbare Mächte am einstigen Vulkankegel zu schaffen machen.

Als Letztes fliegt uns Dana in den alten Kraterschlund. Umgeben von der Felswand wie im Innern eines Brunnenschachts kreuzen wir hier in Sicherheitsabstand zu einem zweiten Helikopter.

Was für ein Schlot, was für eine Gewalt, die sich hier Bahn brach, zuerst dem Innendruck der Erde nachgebend, dann in sich zusammenbrechend, bis der Hohlraum, der sich unter dem Vulkan gebildet hatte, wieder gefüllt war. Ich fühle mich wie eine zu kleine Kugel in einem riesigen Gewehrlauf.

Danach fliegen wir wie vereinbart über das Meer hinaus zur Insel Niihau. Als der Rotor still steht, bedanken wir uns erst einmal bei Dana für den abenteuerlichen Rundflug.

»Auf meinem ersten Flug über die Klippen, saß ich zwischen zwei Riesen auf dem Mittelsitz und reckte meinen Hals zum Fenster wie ein kleiner Junge«, erinnert er sich. Das sei in seiner Ausbildung gewesen. Später als Pilot habe er die Hänge einmal bei einem solchen Wind beflogen, dass er den Gästen vor Aufregung jede Schlucht mindestens einmal falsch benannte.

»Heute nehme ich die Schönheit kaum noch wahr«, gesteht er. »Und der Flug über das Meer zur Insel ist mir nach all den Drehungen fast lieber.« Außerdem fliegt er gern schnell. Zuletzt hielt er den Helikopter ganz tief über dem Wasser, sodass wir uns wie auf dem Schnellboot fühlten. Nur falls wir noch eine »Magnum«-Einstellung gebrauchen könnten, so wie in der Krimiserie, lachte er.

Wie durch Wüstensand stapfen wir zu einer Hütte und setzen uns dort in den Schatten. Der Helikopter flimmert mit offenen Türen unter der Sonne. Wie notgelandet steht er da, von der Besatzung aufgegeben, die sich aufmachte, nach Trinkwasser zu suchen. »Mokulele« sagten die alten Hawaiianer zu Hubschraubern, sagt Dana, »fliegendes Boot«.

Wie es komme, dass Niihau als »verboten« gelte, frage ich. »Die Bewohner wollen unter sich sein, es soll hier nie so turbulent werden wie in Waikiki«, sagt er. Das Land gehört einer Familie namens Robinson, die es vor 150 Jahren dem hawaiianischen Königshof abkaufte. Zutritt in Niihaus Häuser habe ein Fernsehteam noch nie erhalten. In der Tat haben die Robinsons auf unsere Besuchsanfrage nicht einmal reagiert.

»Dort sprechen sie nur hawaiianisch, züchten Schafe und bewahren sich und anderen das schlichte Leben«, sagt Dana. Der einzige Hubschrauber, der auf der Insel landen dürfe, sei unserer, weil auch er den Robinsons gehöre. Touristenschiffe dürfen an der Insel nur vorbeifahren. Alles andere sei Hausfriedensbruch.

Hinter den Stranddünen ragt ein kahler Hügel auf. Dahinter ist Wald, dann folgt das Dorf. An schlichtem Leben ist auf unseren Drehkassetten sicherlich kein Mangel, deshalb fällt uns der Verzicht nicht wirklich schwer. Schon auf Pukapuka hatten sich die Dorfregenten, wie glaubwürdig auch immer, gegen Wandel durch äußere Einflüsse gestemmt. Insofern endet die Reise, wie sie anfing. Vielleicht ist Niihau mit seiner Strategie, gar keine Gäste zu empfangen, ja erfolgreicher.

Als wir wieder beim Hubschrauber angelangt sind, muss er zweimal abheben. Einmal ohne das Team, das von außen einmal dreht, wie er aus dem Bild fliegt. Beim zweiten Mal nimmt er dann alle mit, und der Kameramann dreht den gleichen Start noch mal von innen.

Wann immer sich auf der Reise solche Gelegenheiten boten, haben wir so unsere Schnittoptionen für den Film verbessert, weil dann das Bild von der Außen- auf die Innensicht umspringen kann. Die Flugzeuge, mit denen wir gelandet sind, nahm das Team vorsorglich schon mal auf, wenn sie danach wieder starteten. Oder es filmte das nächste gleichen Typs, das angeflogen kam.

Am späten Nachmittag sind wir wieder in Honolulu. Der Taxifahrer hat diesmal kurze Beine und sitzt am Steuer seines Cadillac wie auf einem Küchenstuhl. Wundersam lang schiebt sich eine Stretchlimousine an uns vorbei.

Ramschläden säumen die Straße, dann mehr und mehr Edelboutiquen. Draußen drängen sich Touristen und braun gebrannte Kids. Manche tragen Surfbretter mit sich, andere einen Schwimmring. Das Tattoo-Verbot der Kolonialherren im Pazifik, das zeigt sich auch hier, war historisch nicht von allzu langer Dauer.

Das Hotel ist ein Schmuckstück aus dem Jahr 1901, das erste, das für Waikikis Gäste eingerichtet wurde. Der koloniale Bau funkelt in der Abenddämmerung, als die Pagen unser Drehgepäck aus den Untiefen des Kofferraums hervorholen. Über der Auffahrt verbinden sich Säulen, Kapitelle, Arkadengänge und Balkone zum stilvollen Gesamtwerk. Ein Holzturm überragt das Dach, ein Fahnenmast den Holzturm.

Das »Moana«, das noch immer die »First Lady« auf der Hotelmeile Waikikis ist, wurde für die Superreichen gebaut, die noch auf Dampfschiffen über den Ozean anreisten, im Gepäck unzählige Holzkisten, dazu das Auto, Dienstpersonal und Kindermädchen.

Auf der Strandseite leuchtet der alte Pool hellblau, die Liegestühle stehen eng beisammen. Unter den vier knorrigen Bäumen servieren nun Shorts-Träger an runden Tischen Bier, Salat und Fastfood. Selbst die Bestecke sind aus Plastik. Hinter der weißen Balustrade aber, die die Hotelveranda einfasst, blitzt Tafelsilber. Kellner in Livree flambieren die Desserts und schenken Wein nach. Musiker spielen aus ihrer Ecke träge Hula-hula-Klänge. Eine hochgewachsene Tänzerin mit langem Haar und Dauerlächeln bewegt sich dazu in Zeitlupe, als hänge sie im Geiste Wäsche auf.

Tag fünfundvierzig

Ein Heulton, den ich als Polizeisirene deute, weckt mich auf. Kurz darauf knackt es im Zimmerlautsprecher. Man habe einen minder schweren Alarmfall behoben, sagt eine Frauenstimme, es bestehe kein Grund zur Sorge. Nach der englischen Fassung folgt die japanische. Als ich mich rasiere, brechen wieder mehrere Alarmtöne nacheinander los. Das Personal scheint mit diesen Knöpfen nicht sehr vertraut zu sein.

Schon vor sieben Uhr lauern unten die Wellenreiter in Gruppen auf dem Wasser. Von manchen sieht man nur die Köpfe, andere hocken oder liegen auf dem Surfbrett. Auf jene, die am weitesten draußen sind, scheint bereits die Sonne.

Wie aus dem Nichts bauen sich immer wieder Wellen auf, dann verlassen die Surfer die Lauerstellung, um vor dem Gipfel der Welle herzufahren oder gar zu kurven. Als zöge hinter ihnen jemand ein Tischtuch hoch, damit sie immer abwärts gleiten können. Die guten schaffen es, bis sich die Welle selbst im Schaum verliert. Die anderen purzeln irgendwann samt ihren Brettern durcheinander.

Am Strand sind Spaziergänger und Jogger unterwegs. Andere beginnen den Tag vorsichtig mit einer Fußspitze im Wasser, die Hände in den Hosentaschen. Sonnenschirme stehen zwischen Strandliegen bereit. Waikiki Beach erwartet seine Schönheiten. Beim Wort »Bikini« denkt hier wohl niemand mehr an eine verstrahlte Insel.

Unser letzter Drehtag hat begonnen. In der Hotellobby zupft das Personal die Blumengestecke noch einmal zurecht. Auf der Veranda warten zwei Dutzend leere Schaukelstühle. Durch die Zugänge weht ein kühler Wind.

Auf der Hofseite gönne ich mir ein Frühstück hinter der Balustrade. Die Wellenreiter im Blick, sinke ich in einen Korbsessel, dann rollt der Kellner seinen Servierwagen herbei. An einem Nebentisch parlieren Amerikaner in blumig bunten Hemden. Am anderen isst eine junge Asiatin verhalten gegen ihre Magersucht an.

In einem Café nebenan sind wir danach mit einer gepflegten kleinen Frau verabredet, die Barbara von Arnswaldt heißt. Ihr Haar ist angegraut, um ihren Hals hängt leichter Goldschmuck. Sie arbeitet seit fünfundvierzig Jahren hier, als Telefonistin fing sie damals an. Heute ist sie Chefin der Abteilung und steht kurz vor der Pensionierung. Die Kamera ist aufgebaut, das Mikrofon unter der Tischkante montiert.

»Als ich den Job übernahm, stöpselten wir noch die Kabel ineinander, um die Anrufer zu verbinden«, sagt sie. Unter den Gästen, an die sie sich erinnert, sind Frank Sinatra und die Kennedys.

»Welche Mühen bereiteten Ihnen damals die Zeitzonen?«, frage ich.

»Die gleichen wie heute, denn sie sind ein Problem geblieben«, sagt sie. »Viele Gäste, die aus Übersee anreisen, wollen gleich nach der Ankunft telefonieren. Nach Japan beispielsweise macht das erst ab mittags Sinn, sonst kommt man dort tief in der Nacht an. Umgekehrt rufen manche aus Asien hier an und möchten auf ein Zimmer oder etwa zur Bank verbunden werden, obwohl hier alle schlafen. Da hat sich nichts geändert.«

Ob die Datumsgrenze westlich Hawaiis auch ein Problem sei, frage ich weiter.

»Oh ja«, nickt sie. »Neulich buchte sich hier eine ganze Delegation aus Sydney ein, achtzehn Leute. Zum Glück haben wir rechtzeitig bemerkt, dass sie als Ankunftstag ihr Abflugdatum angegeben hatten. Sonst hätten wir für sie noch keine Zimmer gehabt.«

Andere verpassten auch schon mal ihren Rückflug, weil sie einen Tag zu spät am Airport standen. »Die mussten wir dann wieder einbuchen oder ihnen andere Zimmer besorgen«, sagt sie.

Am Nachmittag rufe ich selber bei der Airline an, um unsere Rückflüge zu bestätigen. Nach endloser Wartezeit in der Ansageschleife kenne ich alle Werbeslogans und Sonderangebote auswendig.

Als endlich eine echte Stimme spricht, frage ich, ob man am anderen Ende ihrer Leitung denn schon mal ein Skelett gefunden habe. »Wie kann ich Ihnen helfen?«, sagt sie ungerührt.

Draußen paddeln noch immer Surfer auf ihren Brettern. Die Katamarane, die ihre Tagestour beenden, hupen sich den Weg zum Strand frei. Das Team dreht noch zwei alte Fotos ab, die gerahmt im Hoteltreppenhaus hängen, von Badenden im Schwimmkleid und mit Surfbrettern der ersten Stunde.

Danach fällt Abenddämmerung über die Szene wie eine letzte Schwarzblende. Schlussvorhang nach sieben Reisewochen.

Tag sechsundvierzig

Acht Uhr Ortszeit. »Flight attendants prepare for take-off, please«, bittet der Pilot auch die Flugbegleiter in ihre Startposition. Die Maschine folgt der Linie auf dem Zubringer, dann biegt sie in die verschmierte Startbahn ein. Die Lichterreihe weist jetzt nur noch geradeaus.

In Los Angeles, wo wir umsteigen werden, sei das Wetter schön, die Sicht sehr klar, hat der Pilot schon angekündigt. Er stoppt die Maschine gar nicht, sondern zieht schon aus der Kurve heraus das Tempo hoch.

Hier und da rumpelt es ein wenig. Draußen wischen die Berge vorbei, der Yachthafen, Honolulu City. Dann stemmt sich der Riesenvogel mit seinen Flügeln gegen die Luft, als wolle er noch testen, ob sie ihn tatsächlich trägt. Als sich die Fahrwerke einklappen, rumpelt es noch mal.

Das Bild vor meinem Fenster löst sich, als habe ihm jemand gesagt, dass es zurückbleiben muss. Hoteltürme säumen nun unter uns die Küste, noch einmal steht ein Vulkankrater da wie eine letzte Kawa-Schüssel. Ein paar Buchten noch, dann nehmen uns Quellwolken die Sicht. Als die Küstenlinie sich nach Norden zurückzieht, verschwindet Hawaii hinter der linken Tragfläche.

Unter den Geschenken, die ich im Koffer habe, sind neben Fidschi-Rum und Honolulu-Kaffee auch ein paar bunte Schneckenmuscheln und Korallensteine. Sie stammen von dem kleinen Strand am »Ende der Welt«, wo wir das letzte Sonnenlicht des Erdentages untergehen sahen. Mit ein paar Geldscheinen und Südseemünzen werden sie den Kindern einen schönen Piratenschatz abgeben.

Meine Gedanken kehren zurück zum Anfang der Reise, als uns in Neuseeland Kerry und ihr alter Onkel sagten, ihre Vorfahren seien auch aus Hawaii gekommen. Nun sind wir ihren Maori-Weg zurückgegangen.

In ein paar Stunden werden wir ein neues Datum einstellen und wieder ganz in jene Zeit eintauchen, die unsere ist. Wie ihre Urahnen klagen auch wir dann wieder, dass die Tage zu kurz seien für alles, was zu erledigen ist. Nur können wir keinen Stammeshelden mehr bitten, den Lauf der Sonne aufzuhalten.

Dort draußen im Pazifik aber umspannen unsere akurat geknüpften Zeitzonen ihre Inselwelt nicht wirklich. Wer dort nicht gerade mit Fluglinien zu tun hat, kann in seinem Fischerboot noch immer von der Welt losgelöst seine Kreise ziehen wie jene Pferdekutschen in Amerika, bevor die Eisenbahn erfunden wurde.

Aber wie lange wird er dies noch können? Von nahezu allen Inseln ist ein Großteil der Bewohner inzwischen ausgewandert, weil auch ihnen das Paradies am Ende eher anderswo zu liegen schien. Insofern sind sich die Maori als Entdecker treu geblieben.

Die Fähigkeit, die Zeit zu dehnen, hätte ich gerne von ihnen übernommen. Aber vielleicht kann man es ja lernen.

Als wir in Hamburg ankommen, können wir gleich üben. Zum ersten Mal auf unserer Reise war keine unserer Kisten mit an Bord. Vielleicht, heißt es, kommen sie morgen. Bis übermorgen aber ganz bestimmt.

Mailadressen und Lesetipps

Die folgenden Adressen sind nicht als komplette Liste zu verstehen. Es sind lediglich Anlaufstellen, mit denen wir in der Region zu tun hatten und die wir – wenn nicht anders vermerkt – empfehlen können. Die Reihenfolge entspricht dem Ablauf der Reise.

Touristenbüros

Ngati Porou Tourism Office, Neuseeland:
www.ngatiporou.iwi.nz

Kontakt Pukapuka, Cookislands:
www.tourismcookislands.com, emile@islandhopper.co.ck

Niue Tourism: www.niueisland.com

Samoa Visitors Bureau: www.visitsamoa.ws

Tonga Visitors Bureau: www.tongaholiday.com

Fiji Visitors Bureau: www.bulafiji.com

Kontakt Wallis: hotel.lomipeau@wallis.co.nc

Kiribati Visitors Bureau: commerce@tskl.net.ki

Marshall Islands Visitors Bureau:
tourism@ntamar.net, www.bikiniatoll.com

Kontakt Niihau, Hawaii: niihauisland@hawaiian.net

Fluglinien

Air New Zealand: www.airnewzealand.com

Air Rarotonga: www.airraro.com

Polynesian Airlines: www.polynesianairlines.com

Peau Vava 'u Air: www.peauvavau.to

FlyNiu: www.flyniu.com

Fiji Air: www.airfiji.net

Sun Air: www.fiji.to, sunair@connect.com.fj

Air Calin: www.aircalin.nc

Air Nauru: airnauru@connect.com.fj

Continental Micronesia: www.continental.com

Aloha Airlines: www.alohaairlines.com

Hotels/Unterkünfte

Hyatt Regency, Auckland, Neuseeland:
www.auckland.regency.hyatt.com

Edgewater Resort, Aorangi, Rarotonga, Cookinseln:
www.edgewater.co.ck

Quality Inn Tradewinds, Pago Pago, Amerikanisch-
Samoa: info@tradewinds.as

Matavai Resort, Alofi, Niue:
www.niueisland.com, matavai@niue.nu

Insel Fehmarn Hotel, Apia, Upolu, West-Samoa:
www.pacificislandtravel.com/samoa/hotels

Tanu Beach Fales, Savaii, West-Samoa:
www.samoa-hotels.com

Vaisala Hotel, Savaii, West-Samoa (bedingt empfehlenswert):
www.samoa-hotels.com

Airport Lodge Hotel, Apia, Upolu, West-Samoa:
www.südsee.com/samoa/hotels

International Dateline Hotel, Nukualofa, Tonga:
www.datelinehotel.com, idh@kalianet.to

Puakautanave Hotel, Neiafu, Vavau, Tonga:
reservations@peauvavau.to, puashotel@tonfon.to

Sheraton Royal Denarau, Nadi, Viti Levu, Fidschi:
sheratondenarau@sheraton.com

Hotel Lomipeau, Wallis, Wallis und Futuna:
hotel.lomipeau@wallis.co.nc

Lagoon Resort Pacific Harbour, Viti Levu, Fiji:
www.lagoonresort.com

Garden Island Resort, Vaiyevo, Teveuni, Fiji:
www.pacificislandtravel.com/fiji/hotels

Mary's Motel, Tarawa, Kiribati (bedingt empfehlenswert):
www.kiritours.com/hotels

Robert Reimers Hotel, Majuro, Marshallinseln:
www.rreinc.com

Moana Surfrider Hotel, Honolulu, Hawaii:
www.moana-surfrider.com

Helikopterflüge

Ashworth Helicopters, Gisborne: heliash@bpc.co.nz

Niihau Helicopters: niihauisland@hawaiian.net

Diveshops, Whalewatching, Flusstouren

Niue Dive, Alofi, Niue: www.dive.nu

Dolphin Pacific Diving, Vavau, Tonga:
www.academydivers.co.nz

WhaleSwim Adventures, Vavau, Tonga:
www.whaleswim.com

RiversFiji, Viti Levu, Fidschi-Inseln: riversfiji@is.com.fj

Aqua-Trek, Waiyevo, Teveuni, Fidschi-Inseln:
www.aquatrek.com

Bako Divers, Majuro, Marshallinseln: www.bakodivers.com

Bikini Atoll Dive: www.bikiniatoll.com, bikini@ntamar.net

Fotos, Videos

Tonga/Samoa/Neuseeland: Wild Focus Films,
www.wildfocusfilms.com

Südsee/Neuseeland: Pacifica Productions,
www.pacifica.info

Bücher, Reiseführer, Lesetipps

Maloma, Meleisea, The Making of Modern Samoa, Suva, 1987.

Maugham, William Somerset, Far Eastern Tales, London, 1993.

Niedenthal, Jack, For the Good of Mankind, A History of the
People of Bikini and their Islands. Majuro 2002.

Regel, Angelika; Rosemarie Schyma, Südsee. Richtig Reisen.
Köln, 2002.

Südsee. ADAC-Reisemagazin, München, 2004.

Südsee. GEO Special, Hamburg, 2000.

Wallis, Mary, Life in Feejee: Five Years Among the Cannibals,
Boston 1851. Neu erschienen in Suva, Fidschi, 1996.